平话金融丛书

公债效应理论与国际实证检验

THEORY AND INTERNATIONAL EMPIRICAL TEST ON PUBLIC DEBT EFFECTS

刘忠敏　吕　佳◎著

本书为教育部人文社科规划基金项目"公债效应理论研究与国际实证检验"（16YJA790033）的研究成果，本书获得教育部人文社会科学研究一般项目基金和吉林师范大学学术著作出版基金的资助。

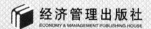

经济管理出版社
ECONOMY & MANAGEMENT PUBLISHING HOUSE

图书在版编目（CIP）数据

公债效应理论与国际实证检验／刘忠敏，吕佳著. —北京：经济管理出版社，2021.1
ISBN 978-7-5096-7740-7

Ⅰ. ①公…　Ⅱ. ①刘…　②吕…　Ⅲ. ①国债政策—研究　Ⅳ. ①F810.5

中国版本图书馆 CIP 数据核字（2021）第 025438 号

组稿编辑：王光艳
责任编辑：杜羽茜
责任印制：黄章平
责任校对：王淑卿

出版发行：经济管理出版社
　　　　　（北京市海淀区北蜂窝 8 号中雅大厦 A 座 11 层　100038）
网　　址：www. E-mp. com. cn
电　　话：（010）51915602
印　　刷：唐山昊达印刷有限公司
经　　销：新华书店
开　　本：710mm×1000mm /16
印　　张：11. 5
字　　数：201 千字
版　　次：2021 年 2 月第 1 版　　2021 年 2 月第 1 次印刷
书　　号：ISBN 978-7-5096-7740-7
定　　价：68. 00 元

前　言

在现代市场经济条件下，公债是政府调控宏观经济的重要手段。因此，研究公债问题，具有重要的现实意义。尤其是 2008 年发生了全球金融危权之后，为了应对此次危机，欧美等许多发达国家及一些发展中国家都实行了量化宽松的货币政策和扩张性的财政政策，其中包括大量发行公债。因此，2008 年后各国公债占 GDP 的比重快速上升，尤其是发达经济体尤其明显。国际货币基金组织的数据显示，全球公债规模已处于历史高位。在这种背景下，公债的效应再次引起了学术界和政策制定者的关注。

本书在吸收、分析、借鉴前人研究成果的基础上采用非线性模型来进行研究，得出公债与经济增长之间存在非线性关系，这种关系普遍存在于发展中国家、新兴市场国家和发达国家，且新兴市场国家公债的门槛值比发展中国家和发达国家都低。不同类型国家公债的门槛值随经常账户余额、总储蓄、危机程度和开放程度的不同而不同，不同类型国家门槛值的影响因素也不同。以往的文献以单一国家或部分发达工业化国家为样本对象，而本书的样本数据涉及100 多个国家，时间跨度高达 40 年，增强了分析结果的稳健性，同时本书对发展中国家、新兴市场国家和发达国家都分别进行了实证分析，并对这些实证结果存在的差异及产生差异的原因进行了分析。在分析公债的投资效应时，构建了具有微观基础的动态随机一般均衡模型，并运用贝叶斯方法使用我国经济数据估计出了各类政策工具的反应规则，考察了公债对投资影响的传导机制，使模型的结构与微观个体的最优化行为相一致。在分析公债的分配效应时，采用预算约束现值法计算并分析了依靠公债融资的扩张性财政政策对储蓄者和非储蓄者的债务负担现值的影响。

鉴于本人时间和能力的限制，本书还存在诸多不足之处：第一，在研究公债的投资效应时，为了方便建立了封闭经济条件下的动态随机一般均衡模型，没有考虑开放经济条件下公债的效应；第二，本书的模型运用对理论及结果分析的深度还有待加强。

本书为教育部人文社科规划基金项目"公债效应理论研究与国际实证检验"（16YJA790033）的研究成果，同时本书也获得了吉林师范大学学术著作出版基金的资助。

目　录

| 第一章 |

绪　论

第一节　研究背景与意义

一、研究背景

　　受战争、经济萧条或金融危机的影响，国家常常通过发行公债来维持经济和政治上的稳定。有书面记录的公债早在 2000 多年前就出现了，这在当时促进了国家的政治稳定、金融市场的发展、基础设施的建设和贸易的扩大。从 17 世纪中叶开始，欧洲国家积累了一定规模的主权债务，从其占 GDP 的比重来看，高达 20%~60%。历史上也多次出现国家公债违约的情况，历史文献指出，宏观经济失衡、政治不稳定和战争是违约的主要原因。从近期来看，2008 年国际金融危机、2011 年欧洲主权债务危机及 2020 年新型冠状病毒疫情暴发导致全球公债规模空前增加。2008 年全球经济和金融危机发生后，为了应对此次危机，欧美等许多发达国家及一些发展中国家都实行了量化宽松的货币政策和扩张性的财政政策，其中就包括大量发行公债。因此，2008 年后各国公债占 GDP 的比重快速上升，发达经济体尤其明显，如美国公债占 GDP 比重在 2009 年达到 86.74%，2010 年达到 95.47%，从 2012 年起，美国公债占 GDP 的比重都超过 100%，并且该比重逐年攀升，2019 年达到 108.98%，负债总额为全球第一。早在 2011 年，标准普尔公司对美国的财政政策非常担忧。标准普尔公司认为，美国政府和国会在减轻长期债务负担方面没有达成可信的协议，因此，他们将美国政府债务的信用评级从最高级别 AAA 降到了 AA+。截至 2020 年 3 月 31 日，美国公债总额为 23.7 万亿美元，公债与 GDP 之比为 110%（基于美国 2020 年第一季度 21.5 万亿美元的国内生产总值计算）。有学者预计，美国 2020 年公债占 GDP 比重将超过 121.2%。根据世界银行的数据，公债的临界点是 77%。我国的公债比重相对较低，2009 年该比重为 34.56%，2019 年为 54.39%。据 2020 年中国政府工作报告，2020 年赤字率拟按 3.6% 以上安排，财政赤字规模比去年增加 1 万亿元，同时发行 1 万亿元抗疫特别国债。国际货币基金组织（IMF）的数据显示，全球国债规模已处于历史高位。根据 IMF 的数据统计，平均而言，发达经济体的债务已达到了 GDP 的 105.22%，这是"二战"以来的最高水平。在新兴市场和中等收入经济体，公债与 GDP 的比重平均为 50% 以上，达到了 20 世纪 80 年代债务危机时的水平。由此可见，全球公债规模又创新高。有经济学家预测，债务的累积很可能是 COVID-19 大流行的头号后果。从 2021 年开始，我们将不得不处理这个问题。

图 1-1 显示了 2009 年和 2019 年 7 个主要发达国家公债占 GDP 的比重情况。我们可以看出，这 7 个国家公债占 GDP 的比重都很高，尤其是希腊和日本。希腊公债占 GDP 的比重在 2009 年和 2019 年分别为 126.74% 和 179.20%，日本公债占 GDP 的比重在 2009 年和 2019 年分别为 200.87% 和 237.38%，均超过了 200%。G20 国家公债占 GDP 的比重在 2009 年和 2019 年分别为 99.06% 和 113.32%。公债作为一种重要的政府信用形式，是政府筹集财政资金、实施扩张性财政政策进而拉动经济增长的重要手段。无论从短期还是长期来看，公债对经济都有重要影响。因此，随着各国公债规模的逐年扩大，公债的效应再次引起了学术界和政策制定者的关注。

学者对于公债的效应有不同的观点，一些学者认为，公债具有负效应。例如 Saint Paul（1992）认为，增加公债会降低经济增长率，因此会伤害到未来的一代人。Aizenman Noy（2007）也持相似的观点，他们认为，虽然公共支出的流动提高了生产率，但政府不应借钱为其融资，因为由此导致的公共债务增加会降低福利和增长率。Elmendorf 和 Mankiw（1999）提出，短期内债务可以刺激总需求和总产出，但长期来看，债务会挤出资本，降低产出。Reinhart 和 Rogoff（2010）所进行的开创性研究再次掀起了公债效应问题的激烈讨论，他们认为，政府债务占 GDP 的比重超过 90% 就会阻碍经济增长。美国政府也按照这一结论来指导政策的制定，同时欧洲各国政府已成为这种观点的信奉者。但是他们的

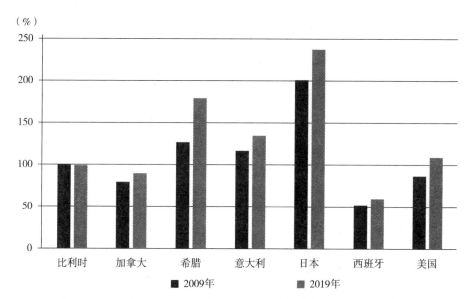

图 1-1　2009 年和 2019 年 7 个主要发达国家公债占 GDP 的比重情况

结论也受到大批学者的质疑。Delong 等（2012）认为，在经济不景气的情况下，提高公债比率可以实现政府的财政自给自足，对经济增长是有促进作用的。鉴于对公债的效应学者们还仍然存在很大的争议，因此有必要对公债的效应进行深入研究。

二、研究意义

在现代市场经济条件下，公债是政府调控宏观经济的重要手段，是需要政府在未来的某个时间向持有人偿还本金和支付利息的一种义务。政府可以通过发行公债来弥补财政赤字、增加公共投资、进行基础设施建设等，这在一定程度上促进了经济的增长。与此同时，公债的发行也可能会造成社会整体融资成本的增加，挤出一部分私人投资，对经济造成一定的负面影响。因此，研究公债的效应具有重要的意义。

（一）理论意义

随着财政职能范围的扩大，经常性财政收入往往难以满足日益增长的财政支出需要，就会出现财政赤字，而弥补赤字的方式有增加税收、增发货币和发行公债三种。通过发行公债的方式弥补财政赤字，只是社会资金使用权的转移，既不会像增加税收那样引起纳税人的不满，又不会像增发货币那样引起流通中货币供应量的增加而造成通货膨胀，还可以迅速灵活地筹集所要的资金，这种方式更有利于经济的稳定发展。因此，发行公债被各国政府作为弥补财政赤字的最基本方式。但发行公债又可能会对经济产生负面影响。例如，与私人投资产生竞争，推高市场整体的利率水平，增加实体经济的融资成本等。政府发行公债会对经济产生错综复杂的影响，牵一发而动全身，所以明确发行公债对实体经济的影响有利于政府的风险防控、合理安排公债规模、有效预防发行公债产生的负面影响。

但由于公债的发行对经济的影响在理论上并没有达成共识，不同的学者持有不同的观点，甚至可能是截然相反的观点，所以对于此类问题的研究更加具有理论和实际意义。本书通过对公债效应理论的研究和国际实证的检验，进一步丰富和发展了财政和公共管理理论，为今后公债政策的制定提供了理论依据。

（二）实际意义

一场金融海啸导致世界各国"负债累累"。进入 2009 年以来，全球性赤字现象日趋凸显。为了应对接踵而来的经济危机，美国及欧洲等许多国家都实行量化宽松货币政策，向市场投放大量的流动性货币。与此同时，为了应对金融危机，我国政府出台了一系列的政策，包括增加"四万亿"的投资，这些资金最根本的来源还是财政收入，而每年的财政收入是有限的。因此，必然会发生财政赤字，公债发行量的增长也是必然的。在这种背景下研究公债的问题具有很大的现实意义。

公债是如何产生和使用的？公债对长期经济增长的影响是怎样的？公债对长期经济增长的影响是绝对为正、负或者零吗？还是不同规模的公债对长期经济增长的影响是有差异的？公债对消费和投资的影响是怎样的？公债对消费和投资的影响是绝对为正、负或者零吗？还是不同规模的公债对消费和投资的影响是有差异的？公债对当代不同群体的分配产生哪些影响？我国应该如何进行公债管理，完善公债市场的监督机制？这些问题都是亟须解决的现实问题。因此，深入研究公债的经济增长效应、公债的分配效应是十分有必要和有意义的。

第二节　研究目标与思路

一、研究目标

本书在吸收、分析、借鉴前人研究成果的基础上进行深化研究，同时结合世界经济的最新进展和经济理论的最新发展，运用现代计量经济学的研究方法与工具来进行研究。

具体来说，本书主要实现以下目标：

其一，收集 100 多个国家的公债及经济增长的数据，进行深入的统计分析，研究公债与经济增长的关系，为我国公债的发行及使用提供借鉴。

其二，揭示公债的长期经济增长效应。实证分析公债对全要素生产率、人力资本、资本积累和劳动增长的影响。

其三，揭示公债的短期经济增长效应。从消费和投资角度来实证分析公债对短期总需求的刺激作用。

其四，揭示公债对储蓄者和非储蓄者收入分配产生的影响。

其五，基于实证分析的结果，总结出对我国政策制定者及管理者的启示。

二、研究思路

本书的研究思路为"理论基础—通过实证分析发现问题—分析问题、解决问题"。首先，阐述公债的内涵，梳理现有文献，简单介绍本书的研究方法，为后文分析公债对长期经济增长、短期经济增长、再分配的影响机理及公债效应的实证分析打下坚实的基础；其次，从公债对长期经济增长、短期经济增长、收入分配的影响三个角度来对公债的影响进行理论分析和实证分析；最后，依据实证分析得出的结论，提出有针对性的建议，以便进一步提高我国公债的运用效果。本书的研究思路与框架如图 1-2 所示。

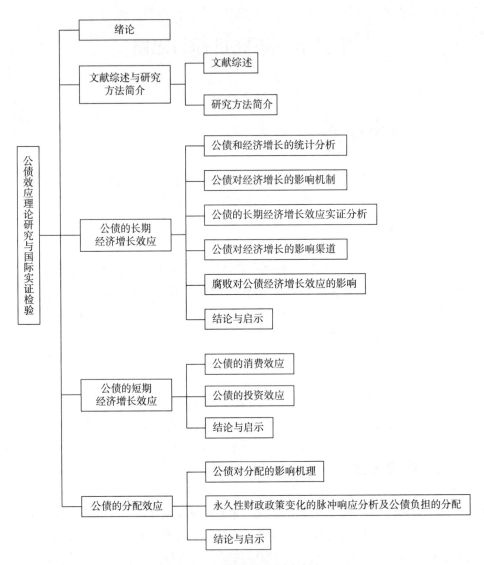

图1-2　本书的研究思路与框架

第三节　研究方法与创新点

一、研究方法

本书主要采用理论分析和实证分析相结合的方法，在研究中也涉及归纳推理、比较和规范等分析方法。本书尤其注重宏观经济模型及计量经济方法的运用。

1. 理论分析法

研究中交叉运用宏观经济学、财政学、金融学的相关理论对公债的效应进行研究。本书通过经济增长理论模型来分析公债对经济增长的影响机理，通过公债的资产效应及资金的来源与使用两个方面来分析公债对消费的影响机理，在新凯恩斯随机动态一般均衡（Dynamic Stochastic General Equilibrium，DSGE）模型的基础上把家庭分为储蓄者和非储蓄者来分析公债对投资和分配的影响。这些都是理论分析方法在本书中的具体运用。

2. 实证分析法

在公债效应理论分析完成后，运用实证分析法对相关理论进行验证，这涉及了较为前沿的统计学与计量经济学分析方法。例如在实证分析公债对经济增长的长期效应时，采用的是动态面板数据模型、面板门槛（PTR）模型及面板平滑转换回归模型（PSTR）；在实证分析公债的消费效应时，采用的是通过构建面板数据回归模型、PTR 模型；在实证分析公债的投资效应时采用的是DSGE 模型，根据校准法及贝叶斯参数估计法来确定模型的参数，进而对实际经济进行经验型模拟研究。

二、创新点

本书的创新主要体现在以下几个方面：

第一，以往的研究得出的结论是绝对的，即公债对经济增长的影响是正、负或者零。实际上公债的影响可能会随着公债规模及其他经济变量的变化而变化，因此，我们采用 PTR 和 PSTR 等非线性模型来进行研究。

第二，部分学者认为公债对经济增长的影响是非线性的，存在门槛值，而门槛值的大小受样本的时间维度、国家范围、数据频率因素的影响，但是很少有人研究门槛值的影响因素。同时现有的研究多以公债本身作为门槛变量，在很大程度上忽略了一个重要因素，即制度质量尤其是腐败的作用。

第三，以往的文献以单一国家或部分发达工业化国家为样本对象，缺少对发展中国家经济状况的考虑，也较少将国家发展水平作为主要变量。而本书的样本数据来自全球 100 多个国家，时间跨度为 1980~2019 年，增强了分析结果的稳健性。同时，本书不但对全样本国家进行了实证分析，也对发展中国家、新兴经济体和发达国家进行了分类的实证分析，解释了实证结果存在的差异及产生差异的原因。

第四，在分析公债的投资效应时，构建了具有微观基础的 DSGE 模型，并运用贝叶斯方法使用我国经济数据估计出了各类政策工具的反应规则，考察了公债对投资影响的传导机制，使模型的结构与微观个体的最优化行为相一致。

第五，在分析公债的分配效应时，采用预算约束现值法计算并分析了依靠公债融资的扩张性财政政策对储蓄者和非储蓄者的债务负担现值的影响。

第二章
文献综述与研究方法简介

公债最早出现于奴隶制社会。公元前 4 世纪，古希腊和古罗马就出现了国家向商人、高利贷者和寺院僧侣借款的现象。虽然公债产生很早，但是关于公债的概念还比较混乱，为了方便后面的研究，本章首先介绍公债的内涵。

第一节　公债的内涵

《中华人民共和国民法通则》第 84 条规定："债是按照合同的约定或依照法律的规定，在当事人之间产生的特定的权利和义务关系。享有权利的人是债权人，负有义务的人是债务人。"从经济学的角度看，债就是双方行为主体在发生的经济交往中所形成的债权债务关系。

按照资源归属可以把行为主体分为公共部门和私人部门。公共部门的资源归属于公共部门整体，私人部门的资源归属于某个或某些人。将债权人和债务人与行为主体相对应，可以得到表 2-1。

表 2-1　债的属性

种类	债务人	债权人	性质
1	私人部门	私人部门	私债
2	私人部门	公共部门	私债
3	公共部门	私人部门	公债
4	公共部门	公共部门	公债

资料来源：龚仰树. 国内国债的经济分析与政策选择 ［M］. 上海：上海财经大学出版社，1998：17-18.

由表 2-1 可知，私债与公债的不同之处在于债务人的性质。私债的债务人是私人部门，公债的债务人是公共部门，即公共部门的债务就是公债。公债完整的定义为：公债是按照法律的规定或合同的约定，某公共部门作为债务人向另一经济主体承担一定行为的义务所形成的债权债务关系。① 既然公债是公共部门的债务，那么哪些经济主体归属于公共部门呢？它包括政府、公共企业、非营利性经济组织（如基金会等）、国际组织、民间社会团体等，其中政府是公共经济部门的最主要成员，而我们通常研究的公债其债务主体是政府。公债按不同的标准，可划分为不同的种类。按发行债券的政府级别分类，可分为中央公债和地方公债。中央公债是由中央政府发行的公债，地方公债是由地方政府发行的公债。

国债和公债是比较容易混淆的两个概念。国债也是描述政府债务时常用的一个名词。我国有些教科书通常把公债称为国债。比如，对公债阐述篇幅较以往有较大增加的 1987 年修订本的《社会主义财政学》认为，"国家以债务人的身份向国内和国外筹借的各种借款，称为公债，或称国债。它是用来弥补国家财政收支不足或进行大规模经济建设，动员筹集财政资金的一种形式"。② 1990 年出版的具有国内权威性的《财经大词典》明确将公债解释为"国家公债，亦简称国债"③。显然，它们都在概念上将"公债"与"国债"予以等同。将"公债"与"国债"概念上予以等同是与传统高度集权的计划经济体制相适应的，"国家财政"即为全国统一的财政，地方财政仅是中央财政的附属物。地方政府不但没有多大的财政自主权，就连地方政府预算也是中央编制的统一"国家预算"的组成部分，地方政府更无发债权，中央财政的公债发行也是通过各级政府的"行政动员"共同完成的，因而也就无所谓国债与地方公债之分。而从西方资本主义国家来看，由于地方财政独立于中央财政，因而可以较为严格地区分中央公债和地方公债。总之，按照《中华人民共和国预算法》的明确规定，现阶段我国地方政府一律不得发行公债，而在资本主义国家，"公债"包括"国债"和"地方债"两个组成部分。但随着改革的进一步深化，2009 年我国也开始允许地方发行公债。

---

① 龚仰树. 国内国债的经济分析与政策选择［M］. 上海：上海财经大学出版社，1998：17-18.
② 《社会主义财政学》编写组. 社会主义财政学［M］. 北京：中国财政经济出版社，1987：145.
③ 何盛明. 财经大辞典（上）［M］. 北京：中国财政经济出版社，1990：293.

第二节　文献综述

公债的效应比较重要，因此大量的学者在研究这个问题。下文从公债的长期经济增长效应、短期经济增长效应和分配效应三个方面对现有文献进行梳理，力求厘清该领域研究的发展轨迹，为本书的实证研究提供可靠的理论根基。

一、公债的长期经济增长效应

（一）理论文献

古典经济学家反对发行公债和财政出现赤字。他们认为，公债的发行会降低经济增长的速度。因为公债的发行使资本从生产领域转移到消费领域，从而会挤出生产性的投资支出，这是一种严重的浪费。公债带有纸币流通的弊病，必然会引起物价的上涨，导致通货膨胀。英国经济学家大卫·休谟甚至提出公债亡国论，认为公债能够使国家灭亡。古典政治经济学的杰出代表之一亚当·斯密的公债思想体现在1776年出版的《国民财富的性质与原因的研究》一书中。他主张政府应该廉洁，根据公债的支出方向，对公债作了较为全面系统的论述。亚当·斯密认为，公债的发行有两个原因：战争和政府的奢侈。他认为，无论是哪个原因发行的公债，都是用于非生产性的，是从生产性的资本转移到非生产性的国家财政支出，妨碍产业资本的正常运行，使资本的积累下降，从而势必降低该国的经济增长速度。亚当·斯密认为，"当国家费用由举债开支时，该国既有资本的一部分，必逐年受到破坏，从前用以维持生产性劳动的若干部分年生产物，必会被转用来维持非生产性劳动"[①]。亚当·斯密认为，"政府资金，和赋税对比，赋税不过把非生产性劳动从一种非生产用途转移到其他的非生产用途，而公债则把生产性劳动从生产用途转移到其他非生产用途，所以由公债财源提供的政府支出，其总体经济机能就是使私人的投资转换为公共

---

① 亚当·斯密. 国民财富的性质和原因的研究（下卷）[M]. 北京：商务印书馆，1981：494.

消费，这样看来，与赋税相比，则公债在较大程度上破坏旧的资本"①，从而使"劣币驱逐良币"的格莱辛法则发生作用，引发通货膨胀。他指出，"当时各国，为了同一目的，国家有时减低铸币的标准成色，即在铸币中搀以较大的劣金"②，"减低标准成色，却是阴险的，欺诈的不正行为"。

英国经济学家凯恩斯认为，政府的公债政策，无论是在长期还是在短期，对经济都会产生重要的影响。他认为，政府发行公债对经济的影响有两方面：正效应和负效应，但是同时他也认为正效应大于负效应，从总体上来说公债的发行会促进经济的增长，使社会财富增加。

美国经济学家、公共选择学派的创始人布坎南在 1958 年出版的《公债的公共原则》一书中阐述了他的公债理论。布坎南通过公债与私债的比较认为公债会造成代际负担。他认为公债利息的支付是通过增加税收来完成的，私债却不会发生这种情况。他认为公债持有者因为持有债券取得利息，并由此带来了消费的增加，但是这并不能抵消纳税人因为税收的增加而引起的消费减少。纳税人的生命是有限的。因此，公债发行而引起的税收负担会转移给下一代人。公债发行时，私人部门在各种投资方式中做了比较，认为公债投资最有利，于是选择购买公债，因此，并没有给私人部门造成负担。但是公债偿还时，偿债的来源是税收，公债的负担存在于偿债的将来，那么负担就落在下一代及下几代纳税人身上，即形成代际负担。布坎南还分析了公债的偿还与公平问题。他认为发行公债是为了长期的公共投资，那么本息应在投资项目的使用期偿还。

李嘉图在其著作《政治经济学及赋税原理》中阐述了他的公债观。李嘉图对公债的研究是从公债与赋税之间的替代关系入手的。他认为，政府实行扩张性财政政策扩大政府支出，通过发行公债来为政府融资，会促使利率上升，从而对私人投资产生一定的阻碍作用，这只是从公债、利率及私人投资之间的关系来进行考虑的。如果考虑到公债是一种延期的税收，将来是要偿还的，那么就会使私人储蓄增加，这样公债的发行就不会对社会需求、私人投资、利率发生任何的影响。在理论上，征税和举借债务等价，既不会影响居民的消费，也不会影响资本的形成。

李嘉图通过案例分析了他的思想，即假定一个从来没有发行过公债的国家，现在正面临一场战争，战争经费为每年 2000 万英镑。为战争支出筹资有三种方

---

① 亚当·斯密. 国民财富的性质和原因的研究（下卷）[M]. 北京：商务印书馆，1981：489.
② 亚当·斯密. 国民财富的性质和原因的研究（下卷）[M]. 北京：商务印书馆，1981：496-497.

法：第一种方法是通过直接征税为政府支出融资，每年增加税收2000万英镑，战争结束时国家的税收负担也随即解除。第二种方法是通过发行公债的方式来筹集，每年发行公债2000万英镑，假设公债的利率为5%，那么每年增加税收100万英镑以支付公债利息，即第一年增税100万英镑，第二年增税200万英镑，以此类推。如果战争持续20年，在战争结束以后，这个国家今后每年都要为支付战争期间积累的债务的利息征收2000万英镑的税，下次战争爆发，这个国家还要经历相同过程。第三种方法仍是每年举借公债2000万英镑，但增加的税收除了支付利息还要偿还本金。如果利率是5%，对于每年举借的2000万英镑的公债，按照复利计算应该每年征税120万英镑，其中100万英镑用于支付利息，其余20万英镑经过45年正好是2000万英镑。如果为每年（笔）举借的2000万英镑公债从其举借的第一天起每年征收120万英镑的税，那么经过45年这笔2000万英镑的公债本息将全部还清。总的来看，如果期间没有新的债务的产生，那么因为战争积累的债务在战争结束45年后将全部偿还，政府今后不再有任何负担。李嘉图认为，从经济本质上看，这三种方式没有实际区别，是等价的。①②③④

美国经济学家罗伯特·巴罗坚定地支持"李嘉图等价定理"。罗伯特·巴罗于1974年在《政府债券是净财富吗?》一文中认为代际之间的利他行为和财产遗赠行为会使李嘉图等价定理继续成立。罗伯特·巴罗利用生命周期模型和"利他主义学说"，对"李嘉图等价定理"做了进一步的引申。他认为代际之间是具有利他心理的，下一代人会像关心自己一样关心自己的后代，债务由自己还是由其后代偿还是无差异的，他们会通过购买公债的方式增加遗产，把这些遗产留给后代，使后代人由于在他们这一代通过发行公债而增加的税收得到弥补，以使后代人的生活水平不变。因此，发行公债也就不会对后代产生负担。

（二）实证文献

在实证研究方面，公债对经济增长的影响仍然没有达成共识。

早期的研究主要使用线性模型研究公债与经济增长的关系。Jayaraman 和

---

① Lakis C. Kaounides, Geoffrey E. Wood. Debt and Deficit VolumeI [M]. Nothampto, MA: Edward Elgar Publishing Company, 1992: 49-51.

② 类承曜. 国债的理论分析 [M]. 北京：中国人民大学出版社，2002：34-35.

③ 李嘉图. 政治经济学及赋税原理 [M]. 北京：华夏出版社，2005：171-175.

④ 李中义. 经济增长中的国债效应研究 [D]. 长春：吉林大学博士学位论文，2006.

Lau（2009）采用面板协整检验、完全修正的最小二乘法（FMOLS）和 Granger 因果检验来研究太平洋岛国经济增长与外债之间的关系。他们发现，从长期来看，外债对经济增长影响为正，同时经济增长与外债之间存在双向因果关系。Woo 和 Kumar（2015）以发达国家和新兴市场国家 40 年的数据为样本，实证结果表明在控制了其他决定经济增长的因素后，初始债务与随后的增长之间的关系是负的，平均而言，初始债务占 GDP 的比例上升 10 个百分点，人均实际 GDP 下降 0.2 个百分点，发达经济体的影响要小一些。Ismihan 和 Ozkan（2012）研究了金融发展如何影响宏观经济产出，他们发现，金融发展越低，公债对经济的不利影响就越严重。Bal 和 Rath（2014）使用自回归分布滞后（ARDL）模型和误差修正模型，以印度 1980~2010 年的数据为样本，研究发现短期内公债的增加会刺激印度的经济增长，但长期则会损害经济增长。Ramzan 和 Ahmad（2014）认为，双边和多边外债对巴基斯坦经济增长都有消极和积极的影响。Teles 和 Mussolini（2014）通过对 74 个国家的研究表明，债务对经济增长的影响不显著，但债务与生产性支出的交叉项和经济增长之间存在显著的关系。他们的研究结果表明，用于生产性支出方面公债的增加可以刺激经济增长。Lof 和 Malinen（2014）利用面板向量自回归（VAR）模型估计了 20 个发达国家的主权债务与经济增长之间的关系，他们没有发现主权债务对经济增长产生影响的重要证据，但经济增长对主权债务的负面影响是存在的。Spilioti 和 Vamvoukas（2015）的研究表明在希腊公债与经济增长之间存在正相关关系。Puenteajovin 和 Sansonavarro（2015）应用面板 Granger 因果检验表明，在 16 个经济合作与发展组织（OECD）国家中有 14 个国家公债对经济增长的影响是正的。[①]

2010 年之后一些学者开始采用非线性模型研究公债与经济增长的关系。Reinhart 和 Rogoff（2010）在《债务中的增长》一文中通过对典型化的事实进行分析，得出与正常债务水平下增长和债务间的联系似乎相当微弱，相反那些公债与 GDP 之比超过 90% 左右的国家，其增长率的中位数低于其他国家一个百分点，（平均）增长率低几个百分点。他们的方法没有模型和参数，直截了当。此文一出，掀起了公债研究的新热潮。Osinubi 等（2010）利用 Johansen 协整方法发现，尼日利亚外债与经济增长之间呈非线性关系，并表明转折点的估计值

---

① 这 14 个国家包括澳大利亚、芬兰、德国、希腊、日本、西班牙、瑞典、美国、英国、法国 、加拿大、比利时、意大利和葡萄牙。

是债务占 GDP 比重的60%。Abbas 和 Christensen（2010）利用低收入和新兴国家的面板数据，描述了当债务为适度水平时它对经济增长的贡献是积极的。然而，当它超过银行存款的35%时，归因于通货膨胀的压力和私营部门的挤出，它对经济增长有负面影响。Minea 和 Parent（2012）运用内生门槛回归技术，得出相同的结论：在较低的债务水平上，赤字支出的增加可以导致经济增长的增加，但是在较高的债务水平上，可以导致经济增长可持续性的降低。Checherita Westphal 和 Rother（2012）以 12 个欧元区国家为样本，研究认为，公债对人均GDP 增长率的影响呈非线性影响，债务转折点占 GDP 的 90%~100%。Dogan 和 Bilgili（2014）采用马尔科夫制度转换法，发现私人债务和公共外债对经济增长的影响呈负的和非线性的效应。此外，研究还表明，负效应主要来自公共债务。Mitze 和 Matz（2015）采用西德联邦国家作为样本，研究认为从长期来看公债与经济增长之间的关系呈倒"U"型，转折点是公债占 GDP 的 46%，同时进一步得出滞后五期的公债与经济增长之间呈"U"型关系。Eberhardt 和 Presbitero（2015）使用 118 个国家的样本估计了公共债务与经济增长之间的线性和非线性关系。他们发现，在线性模型中，公共债务对长期经济增长有积极影响，但没有证据表明公共债务与短期经济增长之间也存在这样的关系。他们还发现公债与经济增长之间呈倒"U"型关系在大多数国家都成立。

除了以债务占 GDP 的比重为门槛变量，实证研究还采用了其他潜在的经济和制度变量作为估计债务与经济增长之间非线性关系的门槛变量。Abbas 和 Christensen（2010）利用四分位虚拟交互变量分析了债务对经济增长的非线性效应，并发现了国内债务与经济增长之间的关系呈倒"U"型。此外，他们还发现，在高风险的区制下，较高的债务带来较低的经济增长，但在低风险区制下债务对经济增长有促进作用。Cecchetti 等（2011）利用经济合作与发展组织（OECD）18 个国家1980~2010 年的数据，研究债务对经济增长的影响。他们的研究结果支持这样的观点：当公债占 GDP 的比重超过85%时，它对经济增长产生不利的影响。Égert（2013）将 Reinhart 和 Rogoff（2010）的数据集放到一个正式的计量经济学检验中，如果公共债务超过 GDP 的 90%，公共债务是否会对经济增长产生负的非线性影响。Egert（2013）利用非线性门槛模型，证明了债务和增长之间的负非线性关系对模型选择非常敏感，同时对时间维度、国家范围、数据频率（年度数据还是多年平均）及最小观测值假定都非常敏感。该结果表明 Reinhart 和 Rogoff（2010）的 90%并不是一个神奇的数字，门槛值可能在 20%~60%。Proano 等（2014）以债务占 GDP 比重和金融压力指数为门槛变量，得出在低债务区制和低水平的金融压力区制下，债务对每个国家的经济增长都有积极的影响。此外，在希腊和葡萄牙以及比利时、意大利和日本，高负债区制或高水平的金融压力区制对债务的经济增长有显著的负面影响。在各国家的面板上，在债务占 GDP 比率较低的非欧洲货币联盟国家和在债务占 GDP 比率较高的北部和南部欧洲货币联盟国家，债务对经济增长影响是显著为正的。在经济压力指数为门槛变量的情况下，欧洲货币联盟国家的债务与经济增长关系是呈负向的。Ahlborn 和 Schweickert（2018）确定了具有独特经济体系的三个国家集群：自由主义国家（盎格鲁—撒克逊）、大陆国家（欧盟核心成员）和北欧国家（北欧日耳曼语系）。在这些经济体之间，财政不确定性是债务与经济增长关系中异质性的主要来源，他们的实证结果也支持这一假设。他们得出，大陆国家公债对经济增长的负效应比其他类型的国家要更大，自由主义国家公共债务对经济增长会产生中性甚至正面的效应，而对于北欧国家公债与经济增长之间存在非线性关系，当公债占 GDP 的比重超过 60% 时会产生负面影响。Kourtellos 等（2016）以 15 个变量为门槛变量，考察了 82 个国家债务与经济增长之间的非线性关系。他们发现在 15 个变量中有 9 个变量反映了债务对经济增长的影响呈非线性，并显示了在低民主制度的国家下较高的公共债务导致了更低的经济增长，但是在高民主制度下，公共债务对经济增长没有显著的影响。

除了关注公债的经济效应，一些研究也关注公债影响经济增长的渠道。

根据 Tanzi 和 Chalk（2000），公债反向影响经济增长的渠道可能有：私人储蓄、公共投资、私人债务、税收制度、对贷款人的隐性税收以及货币政策。Schclarek（2004）的另一项研究发现：在发展中国家受公共外债而非私人外债的驱动，债务与经济增长之间存在着显著的负相关关系。这种关系主要受资本积累增长渠道的驱动。Pattillo 等（2004）认为，公共债务可以通过资本积累和全要素生产率的传导渠道直接影响经济增长。与此同时，另一个增长渠道是劳动力的变化，它对经济增长有间接的影响。招聘人力资本的决定被认为是一项投资决策，这意味着高水平的债务将通过降低人力资本积累的速度来使经济增长下降。在这种情况下，劳动力渠道的改变也可以用资本积累渠道来进行解释。Presbitero（2005）使用 152 个发展中国家 1977~2002 年的面板数据探讨了贫穷国家外债与经济增长的关系，他认为外债对经济表现的不利影响是由于公共投资的挤占和由于债务过剩和不确定性而造成的抑制效应。他的实证结果支持了外债与经济增长、偿债与投资之间的负线性影响，这些影响在低收入国家比在总体样本中更强，这引起了人们对世界上最贫穷国家经济表现的巨大负效应的担忧。他认为外债通过流动性约束、宏观经济不稳定的产生、投资效率的降低以及其对宏观经济政策和体制发展的影响而损害经济增长。Aizenman 和 Noy（2007）集中研究了公共债务与通过全要素生产率渠道影响的经济增长的关系。Checcherita 和 Rother（2010）研究了从 1970 年开始大约 40 年的时间里 12 个欧元区国家公债对人均 GDP 的平均影响。他们发现公债对长期经济增长的非线性影响，门槛值大约是公债占 GDP 的 90%~100%。除了分析高公债对经济增长的负面影响，他们还分析了公债对经济增长的影响渠道，认为公债影响经济增长的渠道有：私人储蓄、公共投资、全要素生产率、长期名义利率和实际利率。

资本积累渠道是涉及投资的一项传导渠道，它不仅包括有形资产，还包括以增加初始资产价值为目标的金融资产。在某种程度上，资本积累也可以包括人力资本和社会资本。公共债务可以通过直接增加政府资本品支出而增加物质资本积累。如果政府的收入不足以支撑政府在财政预算上的支出，就会出现预算赤字。因此，政府将发行公债以弥补赤字。Patillo 等（2011）通过考察发展中国家外债总额与经济增长的关系，发现 1/3 的负效应来自有形资本积累，而余下的负效应则来自全要素生产率。Checcherita Westphal 和 Rother（2012）进一步调查发现私人储蓄、公共投资和全要素生产率渠道与经济增长之间存在着非线性关系。Nemec（2012）分析了公债通过投资渠道对经济增长的影响。Teles 和 Mussolini（2014）利用生产率渠道，考虑用关于公共债务的财政政策来解释债务对经济增长的影响。这项结论支持了 Aizenman 和 Noy（2007）的研究。与上述研究略有不同的是，Abbas 和 Christense（2010）认为，债务对经济增长的影响有不同的渠道：完善的货币政策、更广泛的金融市场发展、坚定的国内制度或问责制，以及增加的储蓄和金融中介。

然而，关于公债与经济增长之间关系的现有文献大多倾向于这样利用资本积累和全要素生产率渠道来进行研究。在这种情况下，全要素生产率资本积累变化的影响由于它们的相互依赖，很难单独讨论（Isaksson，2007）。

综上所述，虽然公债与经济增长关系的文献非常丰富，然而，学者关于公债对经济增长的影响还没有达成共识，还存在着不完善的地方，这意味着有进一步研究的空间，可以获得更多数据或从其他不同的角度来进行研究。

第一，以往的研究大多数集中在以 G7、OECD、欧元区等发达经济体作为研究样本或者将发达国家与发展中国家进行对比来研究，本书则以 102 个国家为样本，并将之划分为发达国家、新兴市场国家和发展中国家三组样本来进行分析，希望能得出不同的结论。

第二，部分学者认为，公债对经济增长的影响是非线性的，存在门槛值，而门槛值的大小受样本的时间维度、国家范围、数据频率因素的影响，但是很少有人研究门槛值的影响因素。同时现有的研究多以公债本身作为门槛变量，在很大程度上忽略了一个重要因素，即制度质量尤其是腐败的作用。

第三，本书在进行面板固定效应回归时，考虑了异方差和自相关问题，从而避免了直接采用固定效应回归而产生的偏差。同时为了避免回归模型本身存在内生解释变量（是经济增长放缓会导致高负债，还是高负债降低了经济增长速度）、解释变量遗漏（遗漏变量与误差存在着相关性）、测量误差等问题，本书也使用工具变量法（我们分别以公债的 2 期滞后值和样本中其他国家债务的平均值）来进行回归分析。

第四，大多数的研究采用系统 GMM 法来进行研究，这种方法有两个前提：假定被解释变量的滞后差分项 $\{\Delta y_{i,t-1}, \Delta y_{i,t-2}, \cdots\}$ 与个体效应 u_i 无关；扰动项 $\{\varepsilon_{it}\}$ 不存在自相关。如果这两个条件无法满足，则不能使用系统 GMM 法进行研究。而我们通过对经济增长模型扰动项的研究发现，Xtserial 检验根本就不能通过。

第五，关于公债影响渠道的研究，大部分的文献从资本积累、全要素生产率等渠道来进行理论分析，专门的实证分析少之又少，本书将对公债的影响渠道进行系统的实证分析。

二、公债的短期经济增长效应

关于公债的短期经济增长效应的研究主要从公债的消费效应和投资效应来进行阐述。

（一）公债的消费效应

目前学术界关于公债的消费效应进行了深入的讨论，形成了"凯恩斯主义"和"李嘉图主义"两大基本理论观点。"凯恩斯主义"理论认为经济中存在大量短视的或者面临流动性约束的消费者，公债作为居民持有的金融财富，起到刺激私人消费、增加总需求的作用。"李嘉图主义"理论认为，政府当期增发的公债需要在未来通过增加税收收入或减少政府支出的方式来偿还，如果政府的支出保持不变，那么只能通过在未来增加税收偿还。因此，理性预期的居民将不把公债视作一种净财富，公债的增加意味着在未来政府还本付息的负担增加，从而对消费不产生影响。

基于 Samuelson（1958）和 Diamond（1965）的世代交替模型，Barro（1974）重新阐述了李嘉图的等价命题，他认为发债和税收的效应是一样的。因此，公债融资和减税均不会引起私人消费的变化。Barro（1974）的论文引发了大量相关研究，是一篇具有里程碑意义的论文。

很多学者运用经验证据试图对这些观点进行实证研究。Kormendi（1983）的研究发现财政政策对私人消费没有实质性的影响，从而验证了李嘉图等价命题。Leiderman 和 Razin（1988）通过对以色列数据的研究也印证了李嘉图等价命题成立的证据。Haque（1989）以及 Gupta（1992）通过对发展中国家样本数据的研究再一次印证了李嘉图等价命题的成立。Khalid（1996）以 17 个发展中国家 1960~1988 年的数据为样本，分析李嘉图等价命题的有效性和偏离的来源，认为公共支出不能很好地替代私人消费，样本数据显示，其中有 12 个发展中国家的数据支持李嘉图等价命题的观点。Issler 和 Lima（2000）对 1947~1992 年巴西公债的可持续性进行了测试，结果表明具有适当偏好的巴西消费者行为与李嘉图等价命题一致。然而，也有许多学者通过实证研究认为李嘉图等价命题并不成立。Vamvoukas（2001，2002）利用希腊自 1970 年起近 40 年的数据，证实了公债与 GDP 增长之间存在显著的统计相关性，即在公债与 GDP 之比达到一定水平之前，上述关系是正的，而公债与 GDP 之比越高，上述关系就越为负值，检验结果支持凯恩斯命题。通过采用面板协整框架的方法，Hüfner 和 Koske（2010）分析了 20 世纪 70 年代以来 G7 国家家庭储蓄行为，分析结果发现，公债融资并不会通过储蓄完全抵消消费，他们的结论支持了凯恩斯主义的观点。

国内学术界对于公债的研究主要侧重于分析公债规模、期限结构等方面，但关于公债的消费效应方面实证研究较少，还主要集中在理论层面的探讨。

谢子远（2007）分两个时间段（1981~1993 年和 1994~2005 年）来研究赤字型国债与民间消费的 Granger 因果关系。结果显示，在 1981~1993 年这一时间段上，在 5% 的置信水平上民间消费是基本赤字型国债的格兰杰原因，民间消费对国债发行产生了影响；在 1994~2005 年这一时间段上，在 1% 的置信水平上民间消费是国债发行的格兰杰原因，而国债发行对民间消费没有影响。郭庆旺等（2003）为了验证李嘉图等价定理在我国是否成立，以民间消费、财政支付和赤字为研究对象，结合莫迪利亚尼的生命假说理论，建立了一个消费函数模型，利用协整方法进行分析，最终得出结论：李嘉图等价定理在中国不成立。

郭宏宇和吕风勇（2006）通过对 1985~2002 年的数据进行回归，研究发现我国国债呈现出较强的财富效应。但是，这一财富效应却与国债存量相关。若公众的信心发生变化，消费需求将迅速下降。崔兴芳（2006）根据已研究的李嘉图等价定理在我国现阶段不成立的结论，从国债作为民间部门可支配收入的层面出发，分析了改革开放以来国债对民间部门总需求的影响，得出国债存量和流量会在较小程度上有利于增加民间部门消费，但是国债流量对民间部门投资存在抑制效应的结论。马树才和刘忠敏（2009）通过协整分析及格兰杰因果关系检验，利用 1981~2006 年数据进行实证分析，结果表明：我国国债无论从存量还是从流量角度来看，都对居民消费起到了促进作用，我国国债的使用符合凯恩斯主义的预期。王爱群和董秀良（2013）利用 1998~2012 年数据，采用非线性的马尔可夫区制转移误差修正模型重新检验了发行国债对居民消费的影响，研究发现，在整个样本期内国债融资对居民消费总体上具有拉动作用，符合凯恩斯主义的预期。张屹山等（2014）采用基于状态空间方程的可变参数模型对我国 1981~2011 年的国债发行对城乡居民消费影响的动态弹性进行了实证检验。结果表明，我国国债发行对于农村居民消费的影响不显著。对于城镇居民而言，我国国债发行仅对城镇居民中收入最高群体的消费产生了显著的正向引致效应，而对大多数群体的消费影响很小。

近些年来，公债与消费之间的关系分析研究有了新的发展。近期的研究表明，公债的消费效应受公债水平的影响。在公债水平较低时，公债的发行会促进消费，但是随着公债规模的逐渐增大，理性消费者会预期未来税收负担增加，进而在整个生命周期内平滑消费，现期消费减少，从而形成了政策工具的非线性效应。

Bhattacharya（1999）基于消费倾向是非线性的假设，验证了随着政府负债水平的提高和未来税收的不确定性增加，家庭从非李嘉图行为转向李嘉图行为。在此之后，Berben 和 Brosens（2007）通过对 OECD 国家的研究，发现私人消费与公债之间是非线性关系，在政府债务居高不下的 OECD 国家，财政扩张在一定程度上受到私人消费下降的排挤。相比之下，在低债务国家，私人消费对政府债务的变化不敏感。因此，在高负债国家，财政政策在稳定经济周期波动方面可能不太有效。Mukherjee 和 Bhattacharya（2010）利用 18 个 OECD 国家的数据，对家庭总收入消费倾向和政府人均净债务之间的关系进行了不同的非线性检验，实证分析结果表明，随着政府债务水平的提高和未来税收不确定性的增加，家庭从非李嘉图行为转变为李嘉图行为。这意味着，随着公债规模的不断扩大，较高的债务水平引发了理性个人对未来税负增加的预期，并导致预期持久性收入下降而减少了现期消费。

由此可见，无论是在理论研究中还是在实证分析中，研究结果均表明公债规模是影响财政政策需求管理有效性的重要因素，公债与消费的关系可能因公债规模的增加而发生非线性转变。

（二）公债的投资效应

李嘉图等价学派、新古典学派和凯恩斯学派是三个有代表性的理论学派，它们的理论分别探讨了公债对宏观经济的影响作用。不过，三大学派关于公债对投资的影响看法完全不同。李嘉图等价学派认为，公共债务融资对私人投资的影响是中性的；新古典学派认为，公债融资对投资产生"挤出效应"；凯恩斯学派认为公共债务融资会促进私人投资。

李嘉图等价学派认为公债融资对私人投资的影响是中性的。该理论认为，削减税收可以增加可支配收入，而可支配收入的增加会使个人储蓄等额增长，个人储蓄的增加量与削减税收所导致的政府储蓄的减少相抵消。因此，整体国民储蓄不会受影响，既然国民储蓄不发生变化，所以实际利率也不会发生变化，投资也就不会受到影响。

新古典学派认为公债融资对投资产生"挤出效应"。Diamond（1965）认为，公债的发行会导致资金供应量的减少，最终导致实际利率的提升，这会对投资产生不利的影响。另外，Bernheim（1989）假设了有远见的个人会在自己的生命周期内计划消费。预算赤字通过将税收转移给后代，从而提高了总的终生消费。如果经济资源得到充分利用，增加消费必然意味着储蓄的减少，这会导致利率的上升，以使资本市场达到平衡。因此，持续的赤字"挤出"了私人资本积累，这些后果将是非常有害的，可总结为"公债有害论"。

凯恩斯学派认为发行公债会促进投资。该学派的理论与新古典学派截然相反，认为边际消费倾向递减会造成消费需求不足，从而使投资需求不足、社会总需求小于总供给，此时国家发行公债会增加消费和投资，能实现储蓄与投资的平衡，再通过乘数作用增加国民收入，可总结为"公债有益论"。

哪种学派的理论与我国现实更相关，公债是否挤出私人投资？这些问题只能够求助于实证研究。

在实证方面，一些学者认为公债挤出了私人投资。Knot和Haan（1995）探讨了五个欧洲国家（德国、法国、英国、荷兰和意大利）的政府预算赤字和公共债务是否推高了利率。结果表明，政府预算赤字和公共债务导致利率上升，从而挤出民间投资。李朋林（2006）分析了发行国债对资本形成的影响，他将国债系统纳入宏观经济系统中，并构建均衡模型分析政府发行国债的影响效果。结果显示，政府国债发行规模增大将会引起各类资产的均衡收益率水平上升，但是为了防止投资收益率水平随之上升，企业的投资规模会下降，表现为公共支出对民间支出的"挤出效应"。崔兴芳（2006）采用协整的方法分析了国债对投资的"挤出效应"，认为由于我国民间部门资金短缺，政府部门会与民间部门争夺社会资金，因此国债发行挤出了民间投资。谢子远（2007）以中国1979~2005年的数据为样本，采用格兰杰因果关系检验，得出了发行国债兼具扩张财政支出及增税的双重经济效应，因此会在一定程度上对投资产生"挤出效应"。通过事件研究法，雷曜和张翔（2009）研究了国债发行对企业债市场和国债市场利筹的影响，研究显示国债发行存在着"挤出效应"，当经济波动时国债能够起到稳定经济的作用。

但是也有部分学者的实证研究显示国债会产生"挤入效应"。通过对投资主体投资份额、总量的相关分析以及国债投资方向的聚类分析，杨文奇和李艳（2005）认为虽然发行国债会挤出投资，但挤出作用较小，带动作用较大，是促进经济增长的重要方法。尹恒和叶海云（2005）使用208个国家（地区）1970~2002年的数据，系统分析公债比率对民间投资比率的影响，在控制了影响民间投资率的变量后，公债对民间投资存在明显的"挤出效应"。郭宏宇（2009）以1985~2008年中国的数据为样本对国债的投资效应进行了实证分析，研究认为中国国债的拉动效应显著，但是由于民间投资需求对公共资本弹性的下降，国债对民间投资需求的拉动作用也逐步降低。

部分学者的实证分析结果表明公债对民间投资的影响是中性的。刘溶沧和马拴友（2001）通过实证的方法研究了自改革开放以来我国赤字、国债和利率的数据，证实了目前的赤字和国债水平并不会挤出私人投资。宋福铁（2004）以我国1980~2000年的数据为样本，实证分析了国债发行对民间私人投资的影响，认为政府通过国债融资不会对民间投资产生"挤出效应"。

以上文献带给我们丰富的启示，但是这些研究大多数基于静态计量模型，难以进行动态分析，并缺乏微观经济基础。因此，本书构建了具有微观基础的新凯恩斯DSGE模型，并运用贝叶斯方法使用我国经济数据估计出了各类政策工具的反应规则，考察了公债对投资影响的传导机制，使模型的结构与微观个体的最优化行为相一致。

三、公债的分配效应

关于公债分配效应的研究最早是从公债负担的角度进行阐述的。而早期关于债务负担的研究主要关注的是预算赤字是应该通过债务融资还是通过税收融资。此类文献最早出现在 Domar 于 1944 年发表在 American Economic Review 的一篇题为 The "Burden of Debt" and the National Income 的论文。Domar（1944）认为，国内持有债务的负担在很大程度上取决于债务所有权的分配。Bowen 等（1960）和 Vickrey（1961）认为，如果赤字是通过税收来融资的，那么这一代人就会受到伤害，而如果它是通过债务来融资的，那么未来几代人就会受到伤害。这是因为未来几代人将面临增加税收以支付债务的利息和本金。Modigliani（1961）在他的开创性著作中展示了税收融资如何取代消费，以及债务融资如何影响资本存量，他还提供了一个衡量短期和长期动态债务负担的方法。Diamond（1965）通过展示债务的代际效应，推动了关于公债的热烈讨论。Barro（1974）在其开创性著作中，通过重新引用 Buchanan（1958）的论点，摒弃了早期的关于债务负担的观点，并指出债务融资和税收融资之间的区别仅仅是现在支付更高的税还是以后支付更高的税。然而，对所谓李嘉图等价定理的主要批评之一，是许多人无法借到钱，因此不能按照他们的永久性收入消费。他们希望现在增加消费，但由于流动性或信贷约束，他们被迫减少消费。对这些人减税减轻了他们的流动性约束，允许他们消费更多（Dornbusch et al.，2011）。因此，收入分配显然对理解公债负担很重要。

财政政策与债务负担的关系分析比较复杂。今天改变税收或任何其他财政政策的结果是将来可能需要再次改变它们。如果将这两种政策放在一起考虑，即所谓的动态评分，那么债务发生率可能与税收发生率的分析非常相似。但传统的动态评分方法存在两个问题：第一，它们使用基于代表性主体的宏观经济模型；第二，它们没有考虑财政当局在债务融资方面可以使用更广泛的政策选项，这在 Mankiw 和 Weinzierl（2006）的研究中是显而易见的。这些模型既没有分析税收发生率的分配，也没有分析更一般化的债务发生率。虽然 Mankiw 和 Weinzierl（2006）用著名的储蓄者—支出者模型进行了有限异质性的实验，但他们只研究了税收政策。由于没有税收异质性，他们无法分析财政政策实验的分配方面的内容。Leeper 和 Yang（2008）以及 Leeper 等（2010，2011）在论文中很大程度上解决了第二个问题，他们考虑了财政融资的全部内容，并强调了财政政策其他融资方式的重要性。JCT（2006）解决了第一个问题，他首次使用基于异构代理的模型来考虑减税的影响。但其财政融资只考虑了两种情况：改变转移支付和政府支出。另外，有许多论文着眼于提高债务的非税收政策，这些债务可以通过其他非税收或非扭曲的税收政策来融资。在 Baxter 和 King（1990）以及 Chung 和 Leeper（2007）的论文中，对增加政府支出或转移支付来增加债务的影响进行了深入的分析。但由于他们采用了基于代表性主体的模型，使他们无法分析债务负担的分布或债务发生率。在实证研究中，很少有研究着眼于可供政府选择的全部财政政策融资方案。通过评估更广范围的财政政策和融资计划，Leeper 等（2010）进行了财政政策分析，但这是在 RBC 模型的单一代表主体的基础上进行的。Traum 和 Yang（2015）以及 Leeper 等（2011）使用了与 Gali 等（2007）类似的储蓄者—支出者模型，并考虑了其他的财政融资方案，但是他们没有把消费税和转移支付进行分类处理。Rahman（2012）同样使用了与 Gali 等（2007）类似的储蓄者—支出者模型，在 RBC 模型的基础上考虑了其他的财政融资方案，他考虑了不同类型转移支付冲击和调整的影响，但是没有考虑消费税及其分类冲击和调整的影响。

国内关于公债负担分配的文献较少。一些学者从公债的代际负担角度来进行研究。如果经济将趋于长期均衡点，即使当前政府消费的利益没有延续到未来，公债筹资也不会对未来的几代人带来额外负担，但是一般情况下，经济不可能长期保持平衡状态，因此，公债筹资将给未来的几代人带来负担（杨大楷，1999）。张宇等（2005）提出了一个债务负担及代际公平的理论分析框架，从几个角度指出了代际负担转嫁的机制，同时界定了政府实现代际公平的核心。还有一些学者从公债资金的使用方向角度来研究公债的负担。按国债支出的不同，分三种情况（无偿性消耗支出、有偿性消耗支出和转移支付）讨论了国债对收入分配的影响。国债的发行既可以使社会收入分配更加公平合理，又能使收入分配更加不公平，关键是怎样管理好国债的发行、使用与偿付，使其对国民收入分配发挥有利的作用（赵巧英、张华，2000）。我国国债资金主要被用于行政管理费、社会文教费、还本付息和以财政补贴为主的经常性支出（徐利君，2003；宋永明，2001）。国债的发行有利于实现社会公平，能够提高整个社会的经济效用，有利于经济的稳定和发展。李剑平（2005）认为，国债的发行能够使农民工的收入增加，给他们创造了更多的就业机会，从而增加了他们的收入水平，这有利于社会公平和经济发展。总之，我们可以看出国内关于公债分配的研究在质和量上都与国外存在一定的差距。需要结合我国的实际情况，建立符合我国国情的本土化财政政策模型来进行深化研究。

本书借鉴 Baxter 和 King（1990）、Yang（2006）、Leeper 和 Yang（2008）、Chung 和 Leeper（2007）、Traum 和 Yang（2015）、Leeper 等（2011）、Rahman（2012）以及粟壬波（2016）等的研究，建立了一个异质家庭的新凯恩斯 DSGE 模型，讨论不同的公债融资政策所导致的债务负担分配情况。模型不但考虑了家庭的异质性，还考虑了消费税和转移支付的异质性，引入内在习惯持久性的假设强加在储蓄者和非储蓄者的偏好上。这迫使经济中的每个人都在跨时间边际上进行思考。同时，在模型中引入了价格和工资粘性的设定，并增加了政府的财政政策和货币政策，从而为宏观调控政策的研究和讨论提供了空间。

第三节　研究方法简介

一、PTR 模型简介

（一）模型的建立

门槛回归模型是由 Hansen（2000）提出的，其基本思想是把整体非线性回归问题通过分段的线性回归模式表示出来，它分为单门槛回归和多门槛回归，其中单门槛模型的基本形式如下：

$$\begin{cases} y_{it} = \mu_i + \beta'_1 x_{it} + \varepsilon_{it}, & 若 \ q_{it} \leqslant \gamma \\ y_{it} = \mu_i + \beta'_2 x_{it} + \varepsilon_{it}, & 若 \ q_{it} > \gamma \end{cases} \tag{2-1}$$

使用示性函数 $I(\cdot)$，可以将模型更简洁地表示为：

$$y_{it} = \mu_i + \beta'_1 x_{it} \cdot I(q_{it} \leqslant \gamma) + \beta'_2 x_{it} \cdot I(q_{it} > \gamma) + \varepsilon_{it} \tag{2-2}$$

其中，i 为个体，t 为时间，q_{it} 为门槛变量，γ 为待估计的门槛值，x_{it}、y_{it} 分别为解释变量和被解释变量，ε_{it} 为随机扰动项，$I(\cdot)$ 为指标函数，若括号里的条件成立则取 1，否则取 0。

当 $n \rightarrow \infty$ 时，定义 $X_{it}(\gamma) = \begin{pmatrix} x_{it} & (q_{it} \leqslant \gamma) \\ x_{it} & (q_{it} > \gamma) \end{pmatrix}$，$\beta = \begin{pmatrix} \beta'_1 \\ \beta'_2 \end{pmatrix}$，则方程可以进一步

简化为：

$$y_{it} = \mu_i + \beta' X_{it}(\gamma) + \varepsilon_{it} \tag{2-3}$$

将第 i 个个体对时间求平均可得：

$$\bar{y}_i = \mu_i + \beta' \bar{X}_i(\gamma) + \bar{\varepsilon}_i \tag{2-4}$$

其中，$\bar{y}_i = \dfrac{1}{T}\sum\limits_{t=1}^{T} y_{it}$，$\bar{X}_i(\gamma) = \dfrac{1}{T}\sum\limits_{t=1}^{T} X_{it}(\gamma)$，$\bar{\varepsilon}_i = \dfrac{1}{T}\sum\limits_{t=1}^{T}\varepsilon_{it}$。将式（2-3）减去式（2-4）可得到模型的离差形式：

$$y_{it} - \bar{y}_i = \beta'[X_{it}(\gamma) - \bar{X}_i(\gamma)] + (\varepsilon_{it} - \bar{\varepsilon}_i) \tag{2-5}$$

令 $y_{it}^* = y_{it} - \bar{y}_i$，$X_{it}^*(\gamma) = X_{it}(\gamma) - \bar{X}_i(\gamma)$，$\varepsilon_{it}^* = \varepsilon_{it} - \bar{\varepsilon}_i$，则可得到：

$$y_{it}^* = \beta' X_{it}^*(\gamma) + \varepsilon_{it}^* \tag{2-6}$$

类似地，双重门槛模型的基本形式如下：

$$y_{it} = \mu_i + \beta_1' x_{it} \cdot I(q_{it} \leqslant \gamma_1) + \beta_2' x_{it} \cdot I(\gamma_1 \leqslant q_{it} \leqslant \gamma_2) + \beta_3' x_{it} \cdot I(q_{it} > \gamma_2) + \varepsilon_{it} \tag{2-7}$$

其中，$\gamma_1 < \gamma_2$。

（二）模型的估计

对于面板门槛模型参数的估计，本书以单门槛模型为例，从单门槛模型的表达式中可以发现，这是一个非线性回归，因此用非线性最小二乘法（NLS）来估计，即最小化残差平方和。具体的步骤如下所述：第一步，要估计真实门槛值 γ，必须先确定一个初始门槛值 γ_0，然后用 OLS 对方程进行一致估计，得到系数估计值 $\beta(\gamma_0)$ 以及残差平方和 $SSR(\gamma_0)$。第二步，由于给定的门槛值越接近真实值，所得的残差平方和就越小，因此，再确定一个 γ_1，然后代入方程，求得新的系数 $\beta(\gamma_1)$ 及残差平方和 $SSR(\gamma_1)$，然后比较 $SSR(\gamma_0)$ 和 $SSR(\gamma_1)$，取较小残差平方和所对应的 γ 作为门槛值的初始值。然后不断重复第二步，直到找到使残差平方和最小的 $\hat{\gamma}$，此时 $\hat{\gamma}$ 为门槛值的最终取值。最后再通过 OLS 法得到系数估计值 $\hat{\beta}(\hat{\gamma})$。

（三）模型的检验

对模型我们要进行两方面的检验：一是门槛效应显著性的检验；二是门槛估计值真实性的检验。对于门槛效应显著性的检验，我们可以通过检验原假设 $H_0: \beta_1 = \beta_2$，若原假设成立，则不存在门槛效应，若原假设不成立，则门槛效应存在。Hansen（1999）提出用似然比检验 F 统计量：

$$F \equiv \left[SSR^* - SSR\ (\hat{\gamma}) \right] / \hat{\sigma}^2 \qquad (2-8)$$

其中，SSR^* 为在 "$H_0：\beta_1 = \beta_2$" 约束下所得到的残差平方和，$\hat{\sigma}^2 = \dfrac{SSR(\hat{\gamma})}{n(T-1)}$ 为对扰动项方差的一致估计。

由于在原假设 $H_0：\beta_1 = \beta_2$ 成立的条件下，不存在门槛效应，参数 γ 是不可被识别的，因此，F 的渐进分布是非标准的 χ^2 分布，需采用自抽样法来模拟 F 的一阶渐进分布，得到其临界值 P。

检验存在门槛效应后，可以进一步对门槛值的真实性进行检验，即检验 "$H_0：\gamma = \hat{\gamma}$"。Hansen（1999）将 $F(\gamma)$ 统计量定义为：

$$F\ (\gamma) = \left[SSR\ (\gamma) - SSR\ (\hat{\gamma}) \right] / \hat{\sigma}^2 \qquad (2-9)$$

Hansen 给出了拒绝域的计算公式，即当 $F(\gamma) > -2\ln(1-\sqrt{1-a})$ 时，拒绝接受门槛估计值等于门槛真实值的假设。

二、PSTR 模型简介

（一）PSTR 模型

Gonzalez 等（2005）和 Fok 等（2005）在面板门槛回归模型（PTR）的基础上提出了 PSTR 模型，他们解决了 PTR 模型中结构突变现象，使 PTR 模型更加一般化。该模型通过引入一个连续的转换函数替代 PTR 模型中离散的示性函数，其参数可以随着一个含有外生变量的函数平滑转换，从而避免了结构的突变，这更加符合经济的现实情况。根据 Gonzalez 等（2005）、Colletaz 和 Hurlin（2006）及 Fouquau 等（2008）的相关研究，拓展的 PSTR 一般模型可以表示如下：

$$y_{it} = \mu_i + \alpha_0 z_{it} + \beta_0 x_{it} + \sum_{j=1}^{r} \beta_j x_{it} g_j(q_{it}^j；\gamma^j；c_j) + \varepsilon_t \qquad (2-10)$$

其中，$i = 1,\ 2,\ \cdots,\ N$；$t = 1,\ 2,\ \cdots,\ T$。y_{it} 表示被解释变量，μ_i 表示个体效应，z_{it} 为固定系数的外生解释变量，α_0 为其固定系数，x_{it} 表示随时间变化的解释变量，β_0 为 x_{it} 线性部分系数，β_j 为 x_{it} 非线性部分系数。ε_t 为随机扰动项。$g_j(q_{it}^j；\gamma^j；c^j)$ 为转换函数，r 为转换函数个数，q_{it}^j 为转换变量，γ^j 为平滑参数，$\gamma^j > 0$，反映了转换函数的转换速度，c_j 为转换变量的位置参数（门槛

值），并且有 $c_{j,1} \leqslant c_{j,2} \leqslant \cdots \leqslant c_{j,m_j}$，$m_j$ 为位置参数的个数。当转换变量 q_{it} 发生变化时，转换函数值在 0~1 平滑移动，此时 x_{it} 的系数在 β_0 和 $\beta_0 + \sum\limits_{j=1}^{r} \beta_j$ 之间平滑转换。因此，该模型可以刻画当转换变量发生连续变化时，自变量和因变量之间存在的非线性关系。

如果只有一个转换函数和位置参数，即当 r=1，m=1 时，对应的转换函数如下：

$$g(q_{it}^j ; \gamma^j ; c_j) = \{ 1 + \exp[-\gamma(q_{it} - c_1)] \}^{-1} \tag{2-11}$$

当 $q_{it} \to -\infty$ 时，$g(q_{it}^j ; \gamma^j ; c_j) = 0$，称为低区制；反之，当 $q_{it} \to \infty$ 时，$g(q_{it}^j ; \gamma^j ; c_j) = 1$，称为高区制。当 $\gamma \to \infty$ 时，则模型就退化为一个指示函数，这种情况下 PSTR 模型就退化为一个含有两个区制的 PTR 模型；当 $\gamma \to 0$ 时，退化为固定效应回归模型。

如果有一个转换函数和两个位置参数，即当 r=1，m=2 时，对应的转换函数如下：

$$g(q_{it}^j ; \gamma^j ; c_j) = \{ 1 + \exp[-\gamma(q_{it} - c_1)(q_{it} - c_2)] \}^{-1} \tag{2-12}$$

$g(q_{it}^j ; \gamma^j ; c_j)$ 关于点 $(\frac{c_1 + c_2}{2})$ 对称。当 $q_{it} = \frac{c_1 + c_2}{2}$ 时，$g(q_{it}^j ; \gamma^j ; c_j)$ 取得极小值，此时模型处于低区制；反之，当 $q_{it} \to \pm\infty$ 时，$g(q_{it}^j ; \gamma^j ; c_j) = 1$，称为高区制（high regime）。当 $\gamma \to \infty$ 时，模型就退化为一个含有三个区制的 PTR 模型；当 $\gamma \to 0$ 时，模型就退化为固定效应回归模型。

（二）模型的同质性检验即线性检验

同质性检验即线性检验是模型设定的步骤之一，既有统计意义也有经济意义。就统计意义而言，如果数据的生成过程是线性的，使用 PSTR 模型进行估计会产生模型设定偏误等问题。从经济意义上看，同质性检验对于一些经济理论的检验具有重要意义。当对 PSTR 模型施加约束条件 $H_0 : \lambda = 0$ 或 $H_0' : \beta_1 = 0$ 时，PSTR 模型可简化成同质性模型，但并不是标准形式，因为在原假设条件下模型中含有未识别参数，为了解决参数未识别问题，使原假设 $H_0 = 0$ 检验同质性，并将转移函数在 $\gamma = 0$ 处进行一阶泰勒展开，得到以下所示的辅助回归方程：

$$y_{it} = \mu_i + \beta_0'^* x_{it} + \beta_1'^* x_{it} q_{it} + \cdots + \beta_m'^* x_{it} q_{it}^m + u_{it}^* \tag{2-13}$$

其中，β_1^*，…，β_m^* 为 γ 乘以特定向量，因此，检验 $H_0 : \beta_1^* = \cdots = \beta_m^* = 0$

等价于检验原假设 H_0：$\gamma = 0$，可以通过 LM 统计量、F 统计量和 LRT 统计量决定拒绝或接受原假设。

（三）确定 m 值

由式（2-13）可知，要想检验 H_0^* 必须要知道 m 的数值，Granger 和 Terasvirta（1993）以及 Terasvirta（1994）提出 m 的取值在 1~2 选择，具体选择步骤如下：在 PSTR 模型中，首先使辅助回归方程中的 m 等于 3，然后检验原假设 H_0^*：$\beta_1^* = \cdots = \beta_m^* = 0$，如果原假设 H_0^* 被拒绝，则 $\lambda \neq 0$，最后检验原假设 H_{03}^*：$\beta_3^* = 0$，H_{02}^*：$\beta_2^* = 0 \mid \beta_3^* = 0$ 和 H_{01}^*：$\beta_1^* = 0 \mid \beta_3^* = \beta_2^* = 0$。如果原假设 H_{02}^* 被拒绝且结果最显著，则选择 m 等于 2，否则选择 m 等于 1。

（四）剩余非线性检验

PSTR 模型还需要进行剩余非线性的检验，对此，可以通过以下模型进行检验：

$$y_{it} = \mu_i + \alpha_0 z_{it} + \beta_0' x_{it} + \beta_1' x_{it} g_1 (q_{it}^{(1)}; \hat{\gamma}_1; \hat{c}_1) + \beta_2' x_{it} g_1 (q_{it}^{(2)}; \hat{\gamma}_2; \hat{c}_2) + u_{it}$$

$$(2-14)$$

该检验的原假设就是模型中不存在另外的转移函数，即 H_0：$\gamma_2 = 0$。检验原假设 H_0：$\gamma_2 = 0$ 同样出现了参数未识别的问题，因此，需要将模型（2-4）在 $\gamma_2 = 0$ 处进行一级泰勒展开，得到如下辅助回归方程：

$$y_{it} = \mu_i + \alpha_0 z_{it} + \beta_0' x_{it} + \beta_1' x_{it} g_1(q_{it}^{(1)}; \hat{\gamma}_1; \hat{c}_1) + \beta_{21}'^* x_{it} q^{(2)} +, \cdots, + \beta_{2m}'^* x_{it} q_{it}^{(2)m} + u_{it}^*$$

$$(2-15)$$

原理与上述非线性检验一样，验证 $\beta_{21}^* = \cdots = \beta_{2m}^* = 0$，即验证原假设 $\gamma_2 = 0$。若原假设被拒绝，则继续进行剩余非线性检验，步骤与之前相同，直至原假设不被拒绝，检验停止。接受还是拒绝原假设同样可以通过 LM 统计量、F 统计量和 LRT 统计量来决定。

（五）参数估计

对于 PSTR 模型的参数估计，本书运用固定效应模型及非线性最小二乘法（NLS），具体步骤如下：首先将模型（2-10）改写成以下模型，消除固定效应：

$$y_{it} = \mu_i + \beta' x_{it} (\gamma, c) + u_{it}$$

$$(2-16)$$

其中，$x_{it}(\gamma, c) = [x'_{it}, x'_{it}g(q_{it}; \gamma, c)]'$，$\beta = (\beta'_0, \beta'_1)'$。

然后减去个体平均值消除个体效应，得到如下模型：

$$\bar{y}_{it} = \beta'\bar{x}_{it}(\gamma, c) + \bar{\varepsilon}_{it} \tag{2-17}$$

其中，$\bar{y}_{it} = y_{it} - \bar{y}_i$，$\bar{x}_{it}(\gamma, c) = [x'_{it} - \bar{x}'_i, x'_{it}g(q_{it}; \gamma, c) - \bar{\omega}'_{-i}(\gamma, c)]'$，$\bar{\varepsilon}_{it} = \varepsilon_{it} - \bar{\varepsilon}_i$，$y_{-i}$，$\bar{\omega}_i$，$\bar{x}_i$，$\bar{\varepsilon}_i$ 是个体均值，$\bar{\omega}'_c(\gamma, c) = T^{-1}\sum_{t=1}^{T} x_{it}g(q_{it}; \lambda, c)$。

从模型（2-17）中可以看出，在 γ 和 c 确定的情况下，PSTR 模型是 β 的线性方程，可以用最小二乘法进行估计，即：

$$\hat{\beta}(\gamma, c) = \left(\sum_{i=1}^{N}\sum_{t=1}^{T}\bar{x}_{it}(\gamma, c)\bar{x}'_{it}(\gamma, c)\right)^{-1}\sum_{i=1}^{N}\sum_{t=1}^{T}\bar{x}_{it}(\gamma, c)y_{it} \tag{2-18}$$

将估计的 $\hat{\beta}(\gamma, c)$ 值代入式（2-17）中可得，$\bar{y}_{it} = \hat{\beta}(\gamma, c)\bar{x}_{it}(\gamma, c) + \bar{\varepsilon}_{it}$，然后再用非线性最小二乘法（NLS）估计 γ 和 c，然后将估计的 γ 和 c 再代回模型（2-6）中，多次重复上述步骤，直到参数收敛。另外需要特别注意 γ 和 c 初始值的选择，初始值选择不好可能会导致无法收敛等问题，一般采用网格搜索法。

三、DSGE 模型简介

（一）DSGE 模型

宏观经济学研究的其中一个主流的基础分析工具是动态随机一般均衡（Dynamic Stochastic General Equilibrium，DSGE）模型，它在研究经济增长和经济波动时采用较多。由于它是建立在对经济系统中各微观主体行为特征进行描述的基础之上的，能够更好地刻画变量（内生变量和外生变量）间的因果关系，因此，它具有更加坚实的微观经济基础。DSGE 模型的形成和发展主要经历了三个发展阶段：一是 20 世纪 50 年代，凯恩斯学派的宏观经济学；二是 20 世纪 80 年代，实际的经济周期模型（Real Business Cycle，RBC）；三是新凯恩斯主义的 DSGE 模型。传统的凯恩斯学派的宏观经济学假定价格具有刚性、经济结构具有不变性，以此为基础构建了传统的计量经济模型来进行趋势预测和政策评估。而理性预期学派代表人物卢卡斯对传统的计量经济模型提出了一些质疑，受到政治经济环境等因素的影响，模型的参数不可能是固定不变的，它忽视了微观经济基础，因此失去了理论基础，这会在很大程度上影响政策评价和经济预测的准确性。这就是著名的"卢卡斯批评"（Lucas Critique）。1982 年，Kydland 和 Prescott（1982）提出 RBC 模型，该模型引入了外生技术冲击，研究了企业和家庭两部门的动态最优化问题。但由于 RBC 模型假定市场是具有完全竞争特征的完美经济体，脱离了现实，同时它只考虑了家庭和企业两部门经济，忽略了政府这一重要主体。因此，它在解释现实经济上存在一定的局限性。DSGE 模型在 RBC 模型的基础上，逐渐放松了 RBC 模型的一些假设，例如它把不完全竞争引入市场中来，把工资和价格的交错调整也引入它的框架，在一般均衡的分析框架下考虑了变量的时间路径，并将随机性特征纳入经济模型中。因此，DSGE 模型对现实经济的解释力大大提高。

（二）DSGE 模型求解

目前针对的问题都是比较复杂的，单纯的线性模型几乎不能解决问题。对于线性情况的模型，主要有以下几种求解方法：多项式因子分解法、Ulig 的待定系数法、Soderlind 方法。但大多数时候都采用非线性模型。对于 DSGE 模型求解的方法主要有两种模式：一种是直接法，直接对非线性模型进行求解；另一种是间接法，先对非线性模型进行对数变换，接着在稳态附近进行泰勒展开，最后再求解模型。由于使用直接法求非线性模型数据复杂，一般不采用。大多数学者都更偏爱间接方法。

大多数学者都会选择 B&K 方法来进行求解，该方法来源于 Blanchard 和 Kahn（1980）。该方法假设线性化系统具有如下的一般形式：

$$\underset{(m+n)\times(m+n)}{B} \times E_t\begin{pmatrix} x_{m\times1}^{t+1} \\ y_{m\times1}^{t+1} \end{pmatrix} = \underset{(m+n)\times(m+n)}{A} \times \begin{pmatrix} x_t \\ y_t \end{pmatrix} \qquad (2\text{-}19)$$

其中，B、A 均为系数矩阵（行对应均衡条件，列对应内生变量）；m 为状态变量或预先决定变量的个数；n 为前变量的个数。需要指出的是，式（2-19）虽然从形式上预先决定变量 x_{t+1} 具有时间下标 t+1，但并不表示其为前向变量。

当矩阵 B 可逆时，问题变量变得比较简单，即两边同时乘以 B^{-1} 可得：

$$E_t\begin{pmatrix} x_{t+1} \\ y_{t+1} \end{pmatrix} = B^{-1}A\begin{pmatrix} x_t \\ y_t \end{pmatrix} \qquad (2\text{-}20)$$

此时系统可使用 B&K 方法进行求解，通过简单的 Matlab 编程即可实现。当矩阵 B 不可逆时，问题变得稍微复杂，需求使用一般化的 Schur 方法，即 QZ 分解来求解。

（三） 模型参数估计

1. 数据预处理

由于 DSGE 模型是平稳的，经济最终趋向一个均衡点。但由于实际数据常常具有一定的趋势，而 DSGE 模型平稳的，因此为了使两者统一起来，需要使用一定的方法把实际数据中的趋势去掉。确定性趋势项有五种处理方法：移动平均法、特殊函数法、指数平滑方法、HP 滤波（Hodrick-Prescott Filter）法以及 BP 滤波（Band-Pass）法。其中应用最广泛的就是 HP 滤波法。HP 滤波法假设某个时间序列 y_t 可以分为两个部分，即 $y_t = s_t + c_t$，其中 s_t 表示趋势项，c_t 表示波动项。HP 滤波通过使下式取得最小值来确定趋势项 s_t：

$$\min\left\{\sum_{t=1}^{T}(y_t - s_t)^2 + \gamma\sum_{t=2}^{T-1}\left[(s_{t+1} - s_t) - (s_t - s_{t-1})\right]^2\right\} \qquad (2\text{-}21)$$

其中，T 表示序列的样本量；γ 是平滑参数，γ 越大。趋势 s_t 越平滑，当 γ 趋于 ∞ 时，s_t 趋近于线性趋势。对于月度序列，通常 γ 取为 14400；对于季度序列，通常将 γ 取为 1600；对于年度序列，通常将 γ 取为 100。而随机趋势项可以借助一些计量经济学的检验方法来进行检验。

2. 参数校准

参数校准是为了反映 DSGE 模型中稳态性有关的参数，其基本思路就是根据经济中观察到的一些基本数量关系来确定模型中的有关参数。具体来说，就是以微观事实建立模型和选择参数，然后通过被解释变量的某些特征将模型的模拟结果与实际数据做比较，通过调整参数的方法使模拟结果与实际数据相拟合，进而确定模型参数的数值。

3. 参数估计方法

参数估计是反映 DSGE 模型中动态特性的有关参数，通常采用的估计方法有极大似然估计法、贝叶斯估计法、广义矩方法（Generalized Method of Moments，GMM）及模拟矩方法（Simulated Method of Moments，SMM）。

极大似然估计法尽管在统计拟合上被证明了其估计结果具有无偏性、一致性、有效性等良好统计量的特征，然而，该方法具有一些实际操作上的限制。首先，对于现阶段 DSGE 模型来说，需要估计的参数数量巨大，这样就导致最大化 DSGE 模型的极大似然函数所需的工作量巨大，需要估计的参数太多导致推断的标准差相当大。其次，由于 DSGE 模型的灵活性，不同的参数估计值的组合会产生相同的结果。因此，在使用极大似然估计法时，会导致极大似然函数产生局部最大值和最小值。这样无法判断在极大似然函数最大时的参数值。

广义矩方法和模拟矩方法对单方程和联立方程模型都适用。其中广义矩方法的限制条件较少,对线性和非线性模型都可以进行估计,但是需要通过解析式的形成把方程表示出来,这点有时很难实现。模拟矩方法的出现解决了这个弊端。使用模拟矩方法对参数进行估计时,首先选取所关心的目标变量,在进行随机模拟时它不受样本数量的限制,只要选取的模拟次数足够大,就能根据模型矩与样本矩的比较择出使两者相一致的参数估计值。

近几年越来越多的经济学者运用贝叶斯估计法来估计 DSGE 模型的参数。它既考虑了样本信息,又考虑了变量的先验信息。在贝叶斯估计中,模型参数 θ 被看作一个随机变量。一般使用一个概率密度函数描述参数的先验分布。当我们获得了参数的先验分布后就可以通过贝叶斯公式求出参数的后验分布。贝叶斯公式表示如下:

$$\pi(\theta \mid y^T, \ i) = \frac{p(y^T \mid \theta, \ i) \ \pi(\theta \mid i)}{\int p(y^T \mid \theta, \ i) \ \pi(\theta \mid i) \ d\theta} \qquad (2\text{-}22)$$

式(2-22)中包括一组可观测数据 y^T;一组参数向量 θ,而 π(θ|i)表示第 i 个模型的参数向量的先验概率;$p(yT \mid \theta, i)$表示第 i 个模型的参数向量的似然函数。贝叶斯公式所表达的含义为:将样本获得的信息 $\int(y^T \mid \theta, \ i)$ 与参数向量的先验信息 π(θ|i)结合,可以得到参数向量的后验分布 π(θ|y^T, i)。

然而,有时概率密度函数通常并不是标准分布的,因此需要使用马尔科夫链—蒙特卡洛(Markov Chain Monte Carlo, MCMC)方法来进行抽样。若一个随机过程 {x_i} 满足下面的条件:

$$\Pr \ (x_{i+1} \mid x_i, \ x_{i-1}, \ \cdots) = \Pr \ (x_{i+1} \mid x_i) \qquad (2\text{-}23)$$

则称该随机过程具有 Markov 性质。可以看出 MCMC 的条件概率仅仅依赖于上一期的状态,而与上一期之前的历史状态无关。在使用 MCMC 方法进行抽样时,一定要给定参数的初始值,并且要对抽样的收敛性进行检验。

(四)数值模拟

模拟包括确定性模拟和随机模拟。确定性模拟是指在不考虑误差项的情况下通过改变模型中外生变量(如政策变量等)的数值,观察模型中内生变量的变化情况;随机模拟是指分析各种不确定性因素(如生产率冲击)对模型中内生变量所产生的影响。两种模拟方法都是必不可少的。考虑以下模型：

$$F(y_t, y_{t+1|t}^e, \cdots, y_{t+k|t}^e, y_{t-1}, \cdots, y_{t-p}, x_t, \cdots, x_{t-q}, u_t; \theta) \qquad (2-24)$$

其中，y_t 是由内生变量 $y_{it}(i=1, \cdots, n)$ 组成的 n 维向量，x_t 是由外生变量组成的 r 维向量，F 是非线性函数矩阵，θ 是参数向量，u_t 是误差向量。然后利用实际数值对模型求解，得到一个基准解。

对于确定性模拟，通常假定不考虑误差项，并根据实际问题的需要设计一种情景使外生变量进行调整得到 $\widehat{x}_t$，求出模拟解，再通过比较模拟解和基准解，可以了解模型的特性并得到相应的政策调整建议。对于每种情景，确定性模拟只对模型求解一次。但是对于随机模拟，模拟通常需要对模型求解很多次，从而取得模拟结果的分布特征。

第三章

公债的长期经济增长效应

现代财政学界一般认为，财政有三大职能：资源配置、收入分配和经济稳定与经济增长。资源优化配置是为了效率，收入分配是为了公平，而经济稳定要实现充分就业、物价稳定和国际收支平衡，经济增长是为了促进经济社会持续发展、提高社会福利。因此经济学家们最关心的问题之一就是促进经济增长，这是提高社会福利的源泉。经济稳定运行要求社会总需求和社会总供给相等。完全通过市场配置资源会存在信息滞后和失灵，使供给和需求脱节，在某些领域需要政府介入。长期分析中的总供给分析实际上就是经济增长的分析，经济增长等于社会潜在总供给的增长。公债如何促进经济增长，对经济增长的效应如何，本章将对此进行分析。

第一节　公债和经济增长的统计分析

一、数据来源及变量说明

由于变量数据获取的限制，这里选取 102 个国家 1980~2019 年的面板数据作为样本。① 样本包括 27 个发达国家，分别为澳大利亚、奥地利、比利时、加

---

① 个体的变量数据如果缺失比较多则做删除处理，如果缺失比较少的数据则做插值和多重补漏处理。

拿大、塞浦路斯、丹麦、芬兰、法国、德国、希腊、冰岛、爱尔兰、以色列、意大利、日本、韩国、马耳他、荷兰、新西兰、挪威、葡萄牙、新加坡、西班牙、瑞典、瑞士、英国、美国；50 个发展中国家，分别为阿尔及利亚、巴哈马群岛、巴林、孟加拉国、巴巴多斯、伯利兹、贝宁、博茨瓦纳、布吉纳法索、布隆迪、喀麦隆、中非、乍得、科摩罗、刚果民主共和国、刚果共和国、科特迪瓦、多米尼加、斐济、加蓬、冈比亚、格林纳达、危地马拉、几内亚比绍、洪都拉斯、伊朗、牙买加、马达加斯加、马拉维、马里、毛里塔尼亚、毛里求斯、摩洛哥、厄瓜多尔、尼泊尔、尼日尔、阿曼、巴基斯坦、巴拿马、卢旺达、塞内加尔、塞舌尔、塞拉利昂、圣文森特和格林纳丁斯、斯威士兰、多哥、特立尼达和多巴哥、突尼斯、乌干达、津巴布韦；25 个新兴市场国家，分别为阿根廷、玻利维亚、巴西、智利、中国、哥伦比亚、哥斯达黎加、埃及、赤道几内亚、萨尔瓦多、加纳、印度、印度尼西亚、肯尼亚、马来西亚、墨西哥、尼日利亚、秘鲁、菲律宾、南非、斯里兰卡、泰国、土耳其、乌拉圭、委内瑞拉。

本书的变量说明、数据来源及描述性统计如表 3-1 所示。

表 3-1 变量说明及数据来源

变量缩写	变量含义	数据主要来源
gdp_cap	人均实际 GDP（2010 年不变价美元）	世界银行 World Development Indicators（WDI）数据库
gdp_g	人均 GDP 5 年增长率（%），计算方法为 $[\log(gdp\_cap)_{it+4} - \log(gdp\_cap)_{it}] \times 100$	WDI 数据库
debt	公债（%gdp）是指一般政府债务，但是在很多情况下只有中央政府债务的数据可以获得，这时用中央政府债务来代替一般政府债务。另外，由于涉及预算外资金的处理，两者的差异有时候很难进一步界定	国际货币基金组织的 Historical Public Debt Database（HPDD）数据库和 World Economic Outlook 数据库
csh	政府消费份额（%gdp）	Penn World Table（PWT）9.0
openness	贸易开放度（%gdp）	WDI 数据库
pop_g	人口增长率（%）	WDI 数据库
age	抚养比（%）是 15 岁以下和 64 岁以上人口占 15~64 岁工作年龄人口的比重	WDI 数据库

变量缩写	变量含义	数据主要来源
crisis	根据 Reinhart 和 Rogoff（2010）的研究，危机按照其根源和性质分为：货币危机、通胀危机、股票市场危机、主权债务危机和银行危机，只要危机中的任何一种发生令其值等于 1；反之令其值等于 0	Reinhart 和 Rogoff（2010）建立的数据库
sav	国民储蓄（%gdp）	International Financial Statistics（IFS）数据库
bal	经常性账户余额（%gdp）	IFS 数据库
ck_g	资本存量 5 年增长率（%），计算方法同 gdp_g	PWT9.0
emp_g	劳动 5 年增长率（%），计算方法同 gdp_g	PWT9.0
humc_g	人力资本指数 5 年增长水平（人力资本指数是基于受教育的年限及其回报计算的），计算方法为 $humc_{it+4} - humc_{it}$	PWT9.0
ctfp_g	全要素生产率（TPF）5 年增长水平（全要素生产率是购买力平价下的 TFP 水平，令美国等于 1，其他国家与之相比的水平），计算方法是 $ctfp_{it+4} - ctfp_{it}$	PWT9.0

注：在模型回归中，还会用到其他变量，其中 debt_sq（公债的平方项）。一般政府部门由所有的政府单位和由中央、州政府和地方政府等政府单位控制并提供主要资金的非市场化、非营利性机构构成。一般政府部门不包括国营公司或准公司。

二、公债和经济增长的变化趋势

图 3-1 至图 3-4 显示了全样本、发展中国家、新兴市场国家和发达国家在不同的公债水平下，5 年人均实际 GDP 增长的均值和中位数变化情况。从图 3-1 至图 3-4 我们能得出，在全样本中，随着公债水平的增加，5 年人均实际 GDP 增长的均值和中位数都呈下降趋势。对于发展中国家来说，随着公债水平的增加，5 年人均实际 GDP 增长的均值呈下降趋势，但是其中位数呈先上升后下降的趋势（转折点在公债占 GDP 比重的 30%~60%）。对于新兴市场国家来说，随着公债水平的增加，5 年人均实际 GDP 增长的均值呈下降—上升—下降趋势（转折点分别在公债占 GDP 比重的 30%~60% 和 60%~90%），但是其中位数呈下降的趋势。对于发达国家来说，随着公债水平的增加，5 年人均实际 GDP 增长的均值下降—上升—下降趋势（转折点在公债占 GDP 比重的 60%~

90%和90%～150%），但是其中位数基本呈下降趋势。这个结论与 Reinhart 和 Rogoff（2010）的结论有相同的地方，公债占 GDP 的比重如果超过 90% 可能会给经济带来不利影响。我们还可以初步得出结论，即随着经济发展水平的提高，公债的转折点可能也会增加。

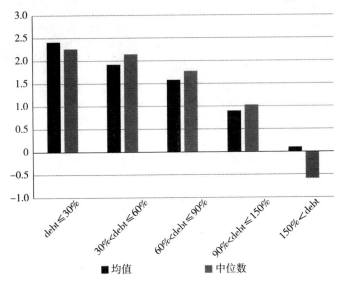

图 3-1　全样本 5 年人均实际 GDP 增长的均值和中位数随公债变化情况

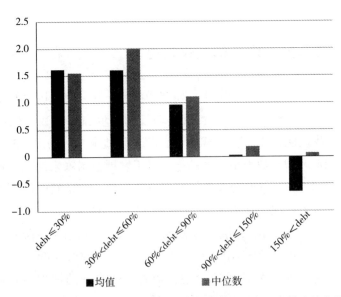

图 3-2　发展中国家 5 年人均实际 GDP 增长的均值和中位数随公债变化情况

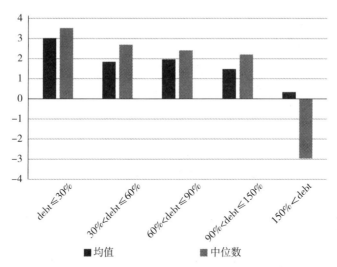

图 3-3 新兴市场国家 5 年人均实际 GDP 增长的均值和中位数随公债变化情况

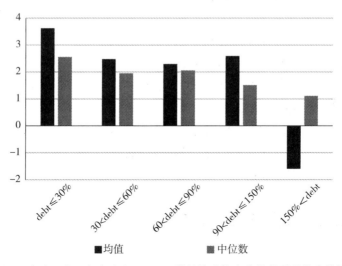

图 3-4 发达国家 5 年人均实际 GDP 增长的均值和中位数随公债变化情况

第二节 公债对经济增长的影响机制

从经济增长理论的发展过程来看，经历了三个阶段：第一个阶段是凯恩斯之前的早期传统经济增长理论，该阶段的经济增长因素研究主要集中在对劳动力增长，资本积累等方面；第二个阶段是凯恩斯理论诞生到内生经济增长理论产生之前的经济增长理论研究；第三个阶段是内生增长理论诞生以后对经济增长的技术内生性因素的研究。[①] 无论是哪种理论，对经济增长的研究都主要从以下生产函数的基本公式开始：

$$Y = AF(K, H, L) \qquad (3-1)$$

经济增长的影响因素有实物资本、劳动投入、人力资本和技术进步，关于这一点理论界基本达成一致意见，各个学派分歧不同点在于这些因素对经济增长的作用机制。

公债对经济增长的影响可以通过对以上生产函数的改进来说明：

$$Y(t) = A(t) F[K_P(t), H(t), L(t), K_b(t)] \qquad (3-2)$$

其中，$Y(t)$ 代表经济中的总产出，$A(t)$ 反映技术进步，$K_P(t)$ 是民间投资形成的资本投入，$H(t)$ 是人力资本投入，$L(t)$ 是劳动力投入，$K_b(t)$ 是通过公债投资直接形成的公共资本投入。

总产出 $Y(t)$ 对公债资本 $K_b(t)$ 求导得：

$$\begin{aligned}
\partial Y(t)/\partial K_b(t) = & [\partial F( )/\partial K_P(t) \times \partial K_P(t)/\partial K_b(t) + \partial F( )/\partial H(t) \times \partial H(t)/\partial K_b(t) + \\
& \partial F( )/\partial L(t) \times \partial L(t)/\partial K_b(t) + \partial F( )/\partial K_b(t)] A(t) + \\
& \partial A(t)/\partial K_b(t) \times F( ) \qquad (3-3)
\end{aligned}$$

从式（3-3）可以看出公债对经济增长的作用是通过公债对经济增长因素的影响而发生的。公债影响经济增长的作用机制有四类。下面我们来分析公债是如何影响经济增长因素的。

一、公债对民间投资的影响

公债通过影响民间资本的供给 $K_P(t)$，并进一步影响经济增长的作用机制，可以表示为 $\partial F( )/\partial K_P(t) \times \partial K_P(t)/\partial K_b(t) \times A(t)$。

一方面政府因公债支出而对民间借款，减少了民间的可用资金，对民间投资产生消极影响。另外，公债资金使用中的消费性、私人民间投资项目选择上的局限性等也会使公债政策对民间投资产生"挤出效应"。

---

① 我们主要分析公债对经济增长的效应，而不是经济增长理论，因此没有过多地论述经济增长的发展脉络。

另一方面公债投资提高了私人投资的运作效率，尤其是投资铁路和公路等大型基础设施建设，为民间投资创造了良好的外部环境，而且还能够吸引外来资本，公债投资将对私人投资产生积极影响。

最后，公债项目在使用资金时，还要求相应的地方配套资金。如果公债配套资金不能及时足额到位，仅靠公债资金，不能达到拉动经济增长的目的，积极财政政策也就成为一纸空文。建设公债的发行，能直接带动地方、部门、企业投入项目配套资金和银行配套贷款。

二、公债对劳动资本投入的影响

公债通过影响劳动资本投入 $H(t)$ 并进一步影响经济增长的作用机制，可以表示为 $\partial F(\ )/\partial H(t)\times\partial H(t)/\partial K_b(t)A(t)$。

政府通过公债融资增加在教育及科研等方面的投资，能提高劳动者的知识水平，促进经济增长。由于受到良好教育的工人比那些未受教育的工人的生产率要高，同时在经历产业调整和技术变革时等其他调整时，受到良好教育的工人能更快地适应环境，因此受到良好教育的工人也更容易就业。随着经济结构的调整，对高素质人才的需求也逐渐增加，因此，政府加大教育科研投入对总产出的影响较大。

三、公债对劳动力投入的影响

公债通过影响劳动供给 $L(t)$ 并进一步影响经济增长的作用机制，可以表示为 $\partial F(\ )/\partial L(t)\times\partial L(t)/\partial K_b(t)A(t)$。

政府通过公债资金的使用扩大政府支出，建设一些公债项目，能够为劳动者创造更多的就业机会，增加劳动的供给；同时也会增加劳动者的收入，从而增加社会购买力，增加社会总需求，从而促进经济增长。

政府通过公债融资用于社会保障的支出也与劳动者的质量有着密切的关系。政府用于医疗、卫生、失业等方面的社会保障支出使劳动者能够保持健康的状态，延长劳动者的劳动时间，这有助于提高劳动效率从而促进经济增长。

四、公债对公共资本积累的影响

公债直接影响经济增长的作用机制，用$\partial F(\ )/\partial K_b(t) \times A(t)$表示。政府通过公债投资能够直接增加公共资本存量，从而促进经济增长。

资本是经济增长的原动力。政府通过公债投资能够直接促进资本积累。政府居于宏观调控主体地位，不以营利为主要目的，政府资金雄厚，从社会效益角度来安排投资，可以从事大型项目和长期项目的投资。政府投资主要集中于基础设施以及农田水利、交通通信等有关国计民生的领域，这些领域一般是非政府部门不能或不愿投资的。这些基础设施方面的公共投资是与经济发展最直接相关的领域，是私人资本积聚必不可少的前提条件。基础设施能够降低在交易过程中直接或间接发生的那些费用，即外生交易费用，常见的如商品在运输过程中发生的费用、通信费用等就属于外生交易费用。外生交易费用可以通过加强基础设施建设来解决，因此公债投资于基础设施建设可以大大降低外生交易费用。基础设施建设是生产的基础性条件，它可以提高其他产业的外部效应，是其他产业存在和发展的基础。

五、公债对技术进步的影响

公债通过影响技术进步$A(t)$并进一步影响经济增长的作用机制为$\partial A(t)/\partial K_b(t) \times F(\ )$。

国家通过发行公债融资，并从中拿出部分资金用于企业技术改造和产业升级，能够鼓舞和调动企业技术改造的积极性。同时，通过重点行业所进行的技术改造和技术升级，加快高新技术的产业化，产品性能、质量会有很大的改善，能够拉动国内有效供给，扩大出口，为应对加入WTO后面临的激烈竞争创造良好的条件。企业改造后技术装备水平基本与国际先进水平接轨，核心竞争力明显增强。公债资金用于技改项目还会推动重点行业耗能大户的节能降耗，增强企业可持续发展能力，能更有效地治理工业污染，更好地保护环境。

第三节　公债的长期经济增长效应实证分析

一、计量模型设计与方法

（一）模型设计

一些文献已经证明一套核心的解释变量和经济增长存在一致性的联系，如 Salaimartin 等（2004）考察了跨国经济增长回归中解释变量的稳健性，他们引入并采用了一种新的方法——经典贝叶斯平均估计法（BACE），通过对模型中的 OLS 系数进行平均来构造估计值。他们发现在 67 个解释变量中有 18 个与长期增长显著地、稳健地相关。在这 18 个变量中，只有几个经济变量，如初始人均实际 GDP 水平、小学入学率、初始政府消费份额、初始开放度，剩下的是区域变量和各种社会政治因素变量（包括宗教和种族变量）。在充分考虑了这些影响经济增长核心变量的基础上，把公债（公债占 GDP 的比重）也扩展到这个模型中。

经过充分的分析，本书的核心控制变量如下：

1. 初始人均实际 GDP 的对数值（lngdp_cap）

初始人均实际 GDP 的对数值是用来控制不同初始条件下经济增长过程的收敛性，捕捉经济增长多年来的追赶效应。该指标已被大部分研究经济增长的学者采用，如 Schclarek（2004）、Woo 和 Kumar（2010）、Word 等（2011）、Checherita Westphal 和 Rother（2012）、Panizza 和 Presbitero（2014）等。由于贫穷国家得益于富裕国家的技术进步，而这些技术转移导致贫穷国家有更快的经济增长速度，因此这个变量的系数预计为负。

2. 初始政府消费份额（csh）

初始政府消费份额用来反映政府的规模。由于政府支出主要靠税收融资，因此政府消费份额越大，意味着私人部门的税负越重，私人部门拥有更小的投资意愿，从而阻碍经济增长。预期这个变量的系数为负。

3. 初始开放度（openness）

初始开放度把封闭经济模型延伸到开放经济模型，用进出口总额在 GDP 中的比重作为代理变量，用来反映一国市场对外开放的程度。Barro 和 Salaimartin（1995）认为，开放国家有更强的吸收先进国家技术进步的能力。经济（贸易）开放主要通过加快本国技术进步、提高要素生产率来促进经济增长。由于开放有利于知识和观念的转移，能够加快本国技术进步、提高要素生产率，进而促进了经济的增长。预期这个变量的系数为正。

4. 抚养比（age）

抚养比反映了一国人口的结构。一般来说，15 岁以下和 64 岁以上的人口在工作人口中的比重越大，说明越多的人口需要抚养，这会给经济增长带来不利影响。预期这个变量的系数为负。

5. 人口增长率（pop_g）

人口增长率反映了一国潜在的劳动者输入情况。在 GDP 给定的情况下，人口增长率越高，人均 GDP 的增长也就越慢。预期这个变量的系数为负。

鉴于每个国家不同的社会经济特点，这些特点随着时间的推移基本保持不变，因此对国家的具体特征进行了控制，引入了国家个体变量作为解释变量。由于我们主要感兴趣公债是否对长期经济增长存在非线性效应，因此把公债的平方项也引入模型中。

借鉴 Grenier（2012）的关于公债与经济增长两者关系的理论分析及 Checherita Westphal 和 Rother（2012）的实证分析方法，本书基本的回归模型设定如下：

$$gdp\_g_{it+k} = \beta_0 + \beta_1 debt_{it} + \beta_2 debt_{it}^2 + \beta_3 lngdp\_cap +$$

$$\gamma Z_{it}(csh; openness; age; pop_g) + \mu_i + \varepsilon_{it} \qquad (3-4)$$

其中，i 代表国家，t 代表时间；t 代表 5 年期的开始，t+4 代表 5 年期的结束；gdp_g_{it+k} 中 k = 4 代表未来 5 年人均 GDP 增长率，其计算方法是用 log（gdp_cap）$_{it+k}$ -log（gdp_cap）$_{it}$。用 5 年作为一个周期可以消除经济增长的短期波动，反映了公债可能需要一段时间才能够产生经济效应，同时也避免了逆向因果关系。

Z_{it} 代表一系列控制变量的初始值；μ_i 代表国家固定效应；ε_{it} 代表随机误差项。式（3-4）为二次多项式模型，若 $\beta_1 > 0$，$\beta_2 < 0$，公债与经济增长为倒"U"型关系；若 $\beta_1 < 0$，$\beta_2 > 0$，公债与经济增长为"U"型关系。

（二）估计方法

引起系数非一致估计的来源有许多，每一种估计量都需要一定的取舍，对特定的计量问题有吸引力的估计量可能产生不同类型的偏差。我们采用了多种技术，包括面板固定效应回归、面板工具变量回归和稳健性回归。由于面板数据同时兼顾了截面数据和时间序列数据的特征，所以异方差和序列相关可能存在于面板数据中，如果不进行处理，将会导致估计的偏差。我们通过异方差和自相关检验，证明确实存在这两个问题，因此在固定效应回归时纠正了异方差，同时进行了 3 期自相关的处理。虽然面板数据能够在一定程度上解决个体异质问题，但是如果回归模型本身存在内生解释变量（是经济增长放缓会导致高负债，还是高负债降低了经济增长速度）、解释变量遗漏（遗漏变量与误差存在着相关性）、测量误差，这些问题仍会影响固定效应估计的一致性。考虑到这些问题，本书也使用工具变量法来进行回归分析。我们分别以 debt 的滞后值（直到 2 期）和样本中其他国家债务的平均值作为工具，这些工具与 debt 高度相关。以内生解释变量的滞后值作为工具变量是宏观经济数据中惯常的做法，但是如果假定公债水平的高度持续性，也会产生问题。因此，我们还以样本中其他国家债务的平均值作为工具变量，假定国家之间的债务水平没有很强的溢出效应。这个工具还有一个好处就是它不会对本国的经济增长产生直接影响。

二、实证分析结果

（一）描述性统计

从我们选取的数据来看，发展中国家、新兴市场国家和发达国家的各经济变量均表现出一定的差异，如表 3-2 至表 3-5 所示，发展中国家、新兴市场国家和发达国家的公债占 GDP 比重平均值分别为 66.10%、54.07% 和 64.93%，相差不大，但是发展中国家的标准差比新兴市场国家和发达国家高出达 12 个百分点以上；发展中国家的 5 年人均实际增长率为 4%，而新兴市场国家和发达国家的 5 年人均实际增长率分别为 10% 和 8%，同时我们还可以看出新兴市场国家增长率的波动比另外两种类型的国家都要大。对于其他变量，发达国家和发展中国家的异质性也较明显，在此不进行赘述，请读者自行分析。

表 3-2 全样本的变量描述性统计

变量	观测值	均值	标准差	最小值	最大值
gdp_g	3672	6.602	12.82	−56.46	171.25
debt	4080	62.84	42.68	0.70	434.90
lngdp_cap	4080	8.40	1.60	5.32	11.43
csh_g	4080	0.19	0.09	0	0.95
openness	4080	75.21	51.38	6.32	531.74
pop_g	4080	1.76	1.18	−6.18	7.92
age	4080	68.84	19.55	1.00	113.33
sav	4080	19.31	10.63	−66.03	56.50
bal	4080	−2.81	8.12	−124.56	39.61
crisis	1829	0.55	0.50	0	1.00
ck_g	3162	0.24	0.24	−1.82	2.02
emp_g	3332	0.09	0.07	−0.32	0.55
humc_g	3069	0.08	0.05	−0.13	0.46
ctfp_g	2607	−0.02	0.11	−0.99	0.67

表 3-3 发展中国家的变量描述性统计

变量	观测值	均值	标准差	最小值	最大值
gdp_g	1800	4.19	11.88	−56.46	51.83
debt	2000	66.10	48.20	4.70	434.90
lngdp_cap	2000	7.44	1.26	5.32	10.13
csh_g	2000	0.20	0.11	0.05	0.95
openness	2000	75.14	35.72	14.14	251.14
pop_g	2000	2.24	1.19	−6.18	7.92
age	2000	80.18	18.53	27.80	113.33
sav	2000	15.89	11.19	−26.32	57.50
bal	2000	−4.84	8.56	−84.11	39.61
crisis	372	0.59	0.49	0	1.00
ck_g	957	−0.04	0.14	−0.99	0.67
emp_g	1386	0.07	0.05	−0.13	0.27
humc_g	1550	0.25	0.24	−1.14	1.85
ctfp_g	1616	0.11	0.07	−0.32	0.55

表 3-4　新兴市场国家的变量描述性统计

变量	观测值	均值	标准差	最小值	最大值
gdp_g	900	10.33	17.22	40.90	171.25
debt	1000	54.07	34.96	0.70	263.30
lngdp_cap	1000	8.15	0.93	5.85	9.92
csh_g	1000	0.17	0.09	0	0.81
openness	1000	62.89	53.08	6.32	531.74
pop_g	1000	1.86	0.87	−0.06	7.89
age	1000	65.92	14.55	1.00	112.98
sav	1000	20.93	9.71	−66.02	54.90
bal	1000	−1.99	8.30	−124.56	32.54
crisis	744	0.65	0.48	0	1.00
ck_g	759	−0.02	0.10	−0.76	0.26
emp_g	792	0.09	0.05	−0.08	0.27
humc_g	775	0.28	0.31	−1.82	2.02
ctfp_g	825	0.10	0.06	−0.10	0.46

表 3-5　发达国家的变量描述性统计

变量	观测值	均值	标准差	最小值	最大值
gdp_g	972	7.61	7.78	−26.89	37.16
debt	1080	64.93	36.81	6.80	284.00
lngdp_cap	1080	10.39	0.46	8.22	11.43
csh_g	1080	0.17	0.05	0.07	0.42
openness	1080	86.74	68.81	16.01	441.60
pop_g	1080	0.77	0.73	−1.85	6.02
age	1080	50.55	5.67	35.78	71.61
sav	1080	24.15	7.76	3.23	56.41
bal	1080	0.19	5.67	−23.30	26.06
crisis	713	0.41	0.49	0	1.00
ck_g	891	−0.01	0.08	−0.34	0.34
emp_g	891	0.07	0.05	−0.06	0.46
humc_g	837	0.17	0.14	−0.25	0.75
ctfp_g	891	0.04	0.06	−0.23	0.26

（二）单位根检验

为防止伪回归问题的出现，本书采用 LLC 检验、IPS 检验、Fisher 检验和 Breitung 检验来对面板数据进行平稳性检验。这四种检验的原假设为存在单位根，LLC 检验和 Breitung 检验的备择假设为：所有截面对应的序列均是平稳的；IPS 检验、Fisher 检验的备择假设为：至少有一个截面对应的序列是平稳的。其他变量根据表 3-6 面板数据平稳性检验的结果可以看出，因此除了少数几个变量（lngdp_cap、csh、humc_g）不是严格平稳以外，本书实证分析所用的各变量均表现出良好的平稳性，在此基础上的回归是可靠的，可以防止伪回归问题的出现。

表 3-6 面板数据的单位根检验

变量	LLC	Fisher	Breitung	结论
gdp_g	-11.2044 (0.0000)	390.5946 (0.0000)	-7.8707 (0.0000)	平稳
debt	-1.7753 (0.0379)	188.620 (0.0485)	-2.1133 (0.0173)	平稳
lngdp_cap	-1.9576 (0.0250)	180.3578 (0.8800)	21.5871 (1.0000)	不平稳
csh_g	-7.6444 (0.0000)	473.8663 (0.0000)	-0.8632 (0.1940)	基本平稳
openness	-2.2442 (0.0124)	461.8811 (0.0000)	-3.2006 (0.0007)	平稳
pop_g	-4.0850 (0.0000)	319.1735 (0.0000)	0.0024 (0.5010)	平稳
age	-6.8316 (0.0000)	284.2418 (0.0002)	-4.4087 (0.0000)	平稳
inf_rate	-17.4157 (0.0000)	771.1248 (0.0000)	-1.7431 (0.0407)	平稳
crisis	-5.7157 (0.0000)	537.3248 (0.0000)	-10.8726 (0.0000)	平稳
bal	-9.2213 (0.0000)	430.4316 (0.0000)	-5.9187 (0.0000)	平稳

续表

变量	LLC	Fisher	Breitung	结论
ctfp_g	−15.7333 (0.0000)	536.2608 (0.0000)	11.2282 (1.0000)	基本平稳
humc_g	10.0216 (1.0000)	870.2016 (0.0000)	−5.5590 (0.0000)	平稳
ck_g	—	427.8938 (0.0000)	—	平稳
emp_g	−11.4910 (0.0000)	732.569 (0.0000)	−10.4733 (0.0000)	平稳

注：括号中数为对应的 P 值，LLC、Fisher 和 Breitung 检验分别代表面板单位根检验方法；debt、openness、inf_rate 选择滞后 1 期，csh_g 选择滞后 4 期，humc_g 选择滞后 2 期，pop_g、age 和 ck_g 选择滞后 3 期，其他变量都是选择无滞后项无趋势；"—"代表数据不符合要求，不是强均衡面板。

（三）公债对长期经济增长影响的实证结果

表 3-7 为公债对长期经济增长影响的基本模型估计结果，结果显示公债的一次项系数和平方项系数分别为正号和负号。除了发展中国家公债一次项的回归系数在 10% 的水平上是不显著的，全样本、新兴市场和发达国家公债一次项系数和平方项系数都是在 10% 的水平上显著的。尽管发展中国家公债一次项的回归系数在 10% 的水平上是不显著的，但是其二次项的系数是显著的，经过联合显著性检验和 LM 检验[①]确定应该同时引入公债的一次项及其平方项。这说明公债对经济增长的影响存在非线性效应，随着公债的增加，长期经济增长呈现出先促进后阻碍的倒"U"型特征。

表 3-7 基本模型估计结果

解释变量	全样本	发展中国家	新兴市场国家	发达国家
debt	0.08* (1.79)	0.05 (1.23)	0.21** (2.12)	0.13** (2.46)

---

① 先对不含公债二次项的受约束方程进行回归，然后用得出的残差 $\hat{u}_{it}$ 去对含有公债二次项的解释变量进行回归。经过证明，当 $nR^2 \sim x^2(k)$，$k=1$ 时，10%、5% 和 1% 的显著性水平临界值是 2.71、3.84 和 6.64。

续表

解释变量	全样本	发展中国家	新兴市场国家	发达国家
debt_sq	−0.0004 **	−0.0002 *	−0.001 *	−0.0004 **
	(−2.45)	(−1.87)	(−1.73)	(−2.45)
lngdp_cap	−13.95 ***	−20.82 **	−10.24 ***	−22.11 ***
	(−4.24)	(−6.21)	(−1.97)	(−6.94)
csh_g	−0.17 **	−0.02	−0.24 **	−0.61 **
	(−2.55)	(−0.38)	(−1.89)	(−2.41)
openness	0.12 ***	0.97 ***	0.15 ***	0.08 ***
	(3.46)	(5.25)	(3.03)	(3.10)
age	−0.21 **	−0.33 ***	0.17	−0.36 ***
	(−2.59)	(−3.91)	(0.57)	(−3.03)
pop_g	−0.96	0.67	−11.80 *	−2.32 ***
	(−1.16)	(1.17)	(−1.78)	(−3.46)
_cons	131.56 ***	175.49 ***	932.53 *	253.12 ***
	(4.51)	(6.21)	(1.76)	(7.60)
观测值	3366	1650	825	891
国家数	102	50	25	27
组内 R^2	0.14	0.15	0.29	0.37
AR	Lag (3)	Lag (3)	Lag (3)	Lag (3)
门槛值	98	119	95	171

注：括号内数字为 t 值，***、**、* 分别代表 1%、5%、10% 的显著性水平。

其他变量的系数基本符合预期。初始人均实际 GDP（lngdp_cap）在所有的样本中回归系数均为负，除了全样本外，都在 10% 的水平上显著，说明经济增长过程中存在收敛性和追赶效应。初始政府消费份额（csh）在所有的样本中回归系数均为负数，除了发展中国家外，都在 10% 的水平上显著，说明政府消费支出的增加，将会抑制私人投资，降低经济增长的速度。开放度（openness）在所有的样本中回归系数均为正，且均在 1% 的水平上显著，说明开放度的增加对经济增长的促进作用明显。抚养比（age）除了新兴市场国家的系数为正，且不在 10% 的水平上显著外，其他样本的回归系数均为负数，且均在 5% 的水平上显著，说明抚养比的增加对经济增长存在阻碍作用。人口增长率（pop_g）除了全样本和发展中国家的回归系数为正数且不在 10% 的水平上显著外，其余样本其回归系数都符合预期，并在 10% 的水平上显著。

表 3-8 和表 3-9 分别为采用工具变量的模型估计结果，结果显示公债的一

次项系数和平方项系数分别为正号和负号。全样本、发展中国家、新兴市场和发达国家公债一次项系数和平方项系数都在10%的水平上显著。这也再次说明公债对经济增长的影响存在非线性效应。表3-8和表3-9其他变量的回归结果与表3-7基本相同，在此不再赘述。

表3-8　公债的一阶和二阶滞后值作为工具变量的回归结果

解释变量	全样本	发展中国家	新兴市场国家	发达国家
debt	0.07***	0.05*	0.17**	0.14***
	(3.64)	(1.90)	(2.56)	(5.16)
debt_sq	−0.0004***	−0.0002**	−0.0009***	−0.0004***
	(−5.32)	(−2.39)	(−2.64)	(−3.95)
lngdp_cap	−15.59***	−22.05***	−11.18***	−24.70***
	(−19.53)	(−14.32)	(−7.11)	(−18.84)
csh_g	−0.17***	−0.03	−0.18**	−0.75***
	(−5.73)	(−0.92)	(−2.57)	(−7.24)
openness	0.14***	0.11***	0.18***	0.10***
	(15.04)	(7.28)	(10.65)	(7.29)
age	−0.17***	−0.31***	0.38***	−0.27***
	(−6.09)	(−9.14)	(3.93)	(−3.40)
pop_g	−1.00***	0.64**	−14.46***	−2.06***
	(−3.58)	(2.09)	(−7.79)	(−4.86)
观测值	3672	1800	900	1080
国家数	102	50	25	27
中心化 R^2	0.17	0.16	0.34	0.40
Sargan 检验 p 值	0.53	0.17	0.13	0.49
弱工具变量检验 F 统计量	16108	630	320	788
门槛值	88	120	95	170

注：括号内数字为t值，***、**、*分别代表1%、5%、10%的显著性水平。

表3-9　以其他国家公债的平均值作为工具变量的回归结果

解释变量	全样本	发展中国家	新兴市场国家	发达国家
debt	0.40***	0.13***	0.58***	0.93***
	(8.34)	(3.12)	(4.23)	(7.39)
debt_sq	−0.002***	−0.001***	−0.002***	−0.003***
	(−8.99)	(−3.42)	(−4.29)	(−7.11)

续表

解释变量	全样本	发展中国家	新兴市场国家	发达国家
lngdp_cap	−11.86 ***	−19.60 ***	−9.76 ***	−30.97 ***
	(−13.46)	(−12.53)	(−5.93)	(−12.91)
csh_g	−0.23 ***	−0.02	−0.27 ***	−1.23 ***
	(−7.24)	(−0.64)	(−3.86)	(−6.94)
openness	0.10 ***	0.11 ***	0.14 ***	0.05 **
	(10.65)	(6.84)	(7.86)	(2.32)
age	−0.19 ***	−0.32 ***	0.03 ***	−0.32 ***
	(−6.63)	(−9.47)	(−0.26)	(−2.62)
pop_g	−0.61 *	0.71 **	−6.01 **	0.53
	(−1.96)	(2.28)	(−2.23)	(0.66)
观测值	3672	1800	900	1080
国家数	102	50	25	27
弱工具变量检验 F 统计量	334	306	1061	69
门槛值	133	142	99	142

注：括号内数字为 t 值，*** 、** 、* 分别代表 1%、5%、10% 的显著性水平。

从表 3-7 至表 3-9 我们还可以看出，新兴市场国家公债的门槛值比发展中国家和发达国家都低。

新兴市场国家一般特指市场经济体制逐步走向完善，经济发展速度较快，市场发展潜力大，正力图通过实施体制改革与经济发展进步而逐渐融入全球经济体系的经济体。新兴市场国家金融市场发展由于其不成熟的监管体制、没有完善的制度支持，金融市场风险很大，因此，其公债的门槛值反而低于其他两种类型的国家。

（四）稳健性检验

为保证估计结果的稳健性，我们做了稳健性检验。

1. 5 年非交叠面板数据

为了避免序列相关，我们采用 5 年非交叠面板数据①，重复前面的计量分析过程，回归结果如表 3-10 所示。结果显示公债的一次项系数和平方项系数分别为正号和负号。全样本、发展中国家、新兴市场和发达国家公债一次项系数和

———————————

① 我们把 1980~2019 年的数据按每 5 年一期分为 7 个时期。

平方项系数都在10%的水平上显著。这也再次说明公债对经济增长的影响存在非线性效应。

表3-10 非交叠面板数据回归结果

解释变量	全样本	发展中国家	新兴市场国家	发达国家
debt	0.11*	0.09*	0.30***	0.15**
	(1.78)	(1.73)	(4.84)	(2.36)
debt_sq	−0.0006**	−0.0004**	−0.0018**	−0.0005***
	(−2.36)	(−2.18)	(−3.69)	(−2.83)
lngdp_cap	−13.87**	−19.65**	−10.78*	−22.73***
	(−3.72)	(−4.14)	(−1.87)	(−6.6)
csh_g	−0.23**	0.01	−0.55**	−0.52*
	(−4.12)	(0.31)	(−6.21)	(−1.88)
openness	0.15***	0.10***	0.23*	0.07**
	(2.81)	(2.96)	(2.01)	(2.74)
age	−0.28**	−0.40**	−0.15	−0.43**
	(−4.80)	(−3.26)	(−0.61)	(−2.32)
pop_g	0.01	1.61**	−3.07	−1.84***
	(0.01)	(2.11)	(−0.74)	(−3.22)
con	130.44***	167.44***	99.08**	260.45***
	(4.67)	(3.90)	(2.32)	(6.90)
观测值	714	350	175	189
国家数	102	50	25	27
R^2	0.17	0.16	0.30	0.41
AR	Lag（3）	Lag（3）	Lag（3）	Lag（3）
门槛值	92	109	82	148

注：括号内数字为t值，***、**、*分别代表1%、5%、10%的显著性水平。

2. 加入控制变量

危机的发生对长期经济增长影响明显，但是由于危机数据的不充分，没有将其纳入基本回归模型。这里我们单独探讨危机对经济增长的影响。

危机（crisis），这个虚拟变量反映是否有危机发生，如果有危机发生令其值等于1，无危机发生令其值等于0。根据 Reinhart 和 Rogoff（2010）的研究，危机按照其根源和性质可分为货币危机、通胀危机、股票市场危机、主权债务危机和银行危机。无论是哪种危机，都会给经济增长带来不利影响。毫无疑问，预期这个变量的系数为负。

从表3-11可以看出，危机的回归系数都是负数且都在10%的水平上显著，同时加入危机后公债的一次项系数和平方项系数分别为正号和负号，且所有样本中公债一次项系数和平方项系数都在5%的水平上显著。对比表3-11和表3-8可知，加入危机后，公债的一次项系数和平方项系数的显著性都有所提高，且系数的绝对值都有所增加，即公债对经济增长影响是稳健的。

表3-11　加入危机的基本模型回归结果

解释变量	全样本	发展中国家	新兴市场国家	发达国家
debt	0.20 ***	0.25 ***	0.26 ***	0.16 ***
	(4.73)	(3.48)	(5.04)	(2.64)
debt_sq	−0.0008 ***	−0.0008 **	−0.0012 ***	−0.0006 **
	(−4.91)	(−3.00)	(−4.09)	(−2.73)
lngdp_cap	−15.16 ***	−91.08 **	−11.46 ***	−21.45 ***
	(−13.01)	(−2.76)	(−4.53)	(−4.84)
csh_g	−0.16 **	−0.01	−0.34 ***	−0.32
	(−2.31)	(−0.03)	(−5.50)	(−1.17)
openness	0.04 *	0.06 **	0.04	0.07 **
	(1.69)	(2.33)	(1.21)	(2.10)
age	−0.45 ***	−0.86 ***	−0.50 ***	−0.53 ***
	(−10.98)	(−8.10)	(−6.79)	(−4.84)
pop_g	−0.17	9.00 ***	2.44	−2.95 ***
	(−0.20)	(5.09)	(0.99)	(−6.53)
crisis	−3.05 ***	−3.31 *	−3.58 ***	−2.05 ***
	(−5.66)	(−2.12)	(−5.01)	(−3.36)
con	164.69 ***	181.50 ***	126.85 ***	253.29 ***
	(15.26)	(3.11)	(6.31)	(5.34)
观测值	1829	372	744	713
国家数	59	12	24	23
AR	Lag (3)	Lag (3)	Lag (3)	Lag (3)
R^2	0.23	0.25	0.28	0.37

注：括号内数字为t值，*** 、** 、* 分别代表1%、5%、10%的显著性水平。

（五）影响公债门槛值的因素

由表3-7~表3-11的回归结果可知，公债与经济增长之间存在倒"U"型的非线性关系，因此公债对经济增长的影响存在门槛值。然而是否存在统一的门槛值，我们通过依次引入公债与危机及通货膨胀率交叉项对此进行验证。我们依次加入经常账户余额、国民储蓄余额、危机、开放度与债务的交叉项，分别记为baldebt、savdebt、crisisdebt、opendebt，通过考察交叉项的符号及显著性即可观察公债门槛值的变动如表3-12所示。只有发达国家经常账户余额交叉项的系数在5%的水平下显著为正，这意味着在发达国家中经常账户余额的改善能增加经济增长对公债的偏效应，提高公债门槛值。主要原因在于发达国家平均经常账户余额较高，长期保持经常账户盈余能够为一国带来巨额的外汇储备，这往往代表着一国政府对自身债务的偿还能力，降低公债的风险溢价和融资成本，在相同的债务水平下，一国政府为自身债务支付了更低的成本。因此，经常账户的确能够提高一国公债门槛值。

在新兴市场国家和发达国家，国民储蓄余额交叉项的系数在1%的水平下显著为正，这意味着在新兴市场国家和发达国家国民储蓄的增长能增加经济增长对公债的偏效应，提高公债门槛值。主要原因在于新兴市场国家和发达国家平均储蓄余额较高，一旦政府资金紧张，财政状况较差时，政府通过提高利率来筹集资金，资金来源充足。

在所有类型的国家中，危机交叉项的回归系数均在5%的水平上显著为负，因此危机的发生使经济增长对公债的偏效应增加。危机的发生加速了各国公债临界点的到来。危机发生后，公众可能预期政府会采取量化宽松的货币政策或扩张性的财政政策，最终会导致通胀或公债大量发行的预期。当这种情形发生时，对当前各国政府勉力维持的债务而言，无疑是雪上加霜，对经济的负面影响也就越快显现，从而加速了公债门槛值的到来。

在发展中国家和新兴市场国家中，开放度交叉项的回归系数均在5%的水平上显著为负，而在发达国家中，开放度交叉项的回归系数均在5%的水平上显著为正。主要原因在于在发展中国家和新兴市场国家中，由于其不拥有成熟的监管体制和监管制度，贸易开放水平的增加开放会导致整个金融市场环境发生变化，资金跨境流动加速。如果短期资本过快流动，会对货币体系带来冲击，也会导致金融机构出现较大的系统性风险，从而导致经济的不确定增加，大大降低了债务门槛值。而对于发达国家而言，由于其拥有相对成熟的监管体系、制度

表 3-12　门槛值的影响因素

解释变量	发展中国家				新兴市场国家				发达国家			
debt	0.06**(−2.44)	0.23*(−1.83)	0.06**(2.33)	0.28***(−4.29)	0.17***(−2.62)	0.31***(−4.9)	0.22***(2.76)		0.13***(−4.63)	0.10***(−3.46)	0.24***(−6.62)	0.15***(5.46)
debt2	−0.0002***(−2.87)	−0.0006***(−2.96)	−0.0003***(−3.10)	−0.002***(−4.38)	−0.0007***(−2.22)	−0.001***(−3.66)	−0.0011**(−2.69)		−0.0004***(−3.61)	−0.0003**(−2.36)	−0.0009***(−5.21)	−0.0004***(−4.03)
lngdp_cap	−21.05***(−13.89)	−21.15***(−14.04)	−20.65***(−13.76)	−10.71***(−6.60)	−8.07***(−5.37)	−11.52***(−6.59)	−12.79***(−6.92)		−23.67***(−18.75)	−2.41***(−19.17)	−23.05***(−14.69)	−23.03***(−18.13)
csh_g	−3.16(−0.92)	−3.45(−1.01)	−2.27(−0.67)	−1.92**(−2.82)	−23.17***(−3.60)	−3.35***(−6.33)	−16.75**(−2.42)		−66.97***(−6.81)	−67.22***(−6.89)	−36.91***(−3.06)	−73.56***(−7.46)
openness	0.11***(−6.96)	0.10***(−6.87)	0.12***(7.65)	0.15***(−9.22)	0.21***(−12.71)	0.04*(−1.7)	0.16***(9.59)		0.09***(−6.9)	0.08***(−6.26)	0.09***(−4.52)	0.08***(5.92)
age	−0.32***(−9.47)	−0.32***(−9.25)	−0.32***(−9.62)	0.27***(−2.87)	0.24***(−5.45)	−0.49***(−5.45)	0.20***(2.14)		−0.34***(−4.31)	−0.36***(−4.62)	−0.49***(−5.54)	−0.29***(−3.67)
pop_g	0.66**(−2.14)	9.43***(−5.24)	0.64**(−2.08)	0.04**(2.42)	−1.33***(−7.21)	−9.98***(−5.60)	2.37(−1.28)	−12.49***(−6.87)	−2.36***(−5.71)	−2.30***(−5.60)	−2.84***(−5.60)	−2.09***(−4.96)
cur_debt	0.0006(−0.99)	—	—	—	−0.0003(−0.22)	—	—	—	0.0028**(−2.27)	—	—	—
sav_debt	—	−0.0001(−0.25)	—	—	—	0.0069***(−9.26)	—	—	—	0.0038***(−3.73)	—	—
cri_debt	—	—	−0.04**(−2.33)	—	—	—	−0.06***(−4.18)	—	—	—	−0.03***(−5.36)	—
open_debt	—	—	—	−0.0009***(−4.37)	—	—	—	−0.0005**(−2.05)	—	—	—	0.0005***(2.97)
观测值	1600	800	360	1600	800	800	720	800	864	864	690	864
R²	0.16	0.32	0.25	0.17	0.16	0.32	0.25	0.33	0.40	0.40	0.39	0.40
弱工具变量检验 F 统计量	1428	1625	100	734	725	353	262	305	1466	1226	439	538

注：括号内数字为 t 值，***、**、* 分别代表 1%、5%、10% 的显著性水平。

支持和国际化程度更高的本币，因此在很大程度上能够做到趋利避害，利用发达的金融市场增加公债对经济增长的边际效用，提高公债门槛值。

第四节　公债对经济增长的影响渠道

一、模型设计

另一个重要问题是公债通过哪些渠道来影响经济增长。在一个标准的新古典经济增长框架下，我们考虑 Cobb-Douglas 生产函数，α 是资本产出弹性系数，1-α 是人力资本和劳动产出弹性系数。Y 代表产出，A 代表综合技术水平（全要素生产率），K 代表资本存量，H 代表人力资本投入，L 代表劳动投入。

两边取对数可得：

$$\ln Y_{it} = \ln A_{it} + \alpha \ln K_{it} + (1-\alpha)\ln H_{it} + (1-\alpha)\ln L_{it} \tag{3-5}$$

$$\ln Y_{it+4} = \ln A_{it+4} + \alpha \ln K_{it+4} + (1-\alpha)\ln H_{it+4} + (1-\alpha)\ln L_{it+4} \tag{3-6}$$

式（3-5）减去式（3-6）可得：

$$\ln Y_{it+4} - \ln Y_{it} = (\ln A_{it+4} - \ln A_{it}) + \alpha (\ln K_{it+4} - \ln K_{it}) + (1-\alpha)$$
$$(\ln H_{it+4} - \ln H_{it}) + (1-\alpha)(\ln L_{it+4} - \ln L_{it}) \tag{3-7}$$

我们可以得出公债影响经济增长的渠道可能有全要素生产率、资本积累、人力资本投入和劳动投入。

为此我们分别调查了四个渠道：全要素生产率、资本积累、人力资本和劳动投入。回归方法都采用面板数据固定效应回归，回归时考虑到异方差和自相关的影响。

假定全要素生产率增长（ctfp_g）取决于初始人均 GDP 总额、政府规模（用政府消费份额作为代理变量）、开放度（以反映外国资本流入或流出的可能性）、人口数量的变化和结构的变化（由人口增长率和抚养比来作为代理变量）。

关于公债对劳动增长（emp_g）、人力资本增长（humc_g）的影响，这是他人没有研究过的。正如 Pattillo 等（2002）和 Schclarek（2004）一样，我们也分析了公债对资本存量增长（ck_g）的影响。这几个模型的控制变量都包括初始水平、政府消费份额、抚养比、人口增长率和开放度。

因此，公债对经济增长的影响渠道分别通过以下回归模型进行研究：

$$\text{ctf}_{g_{it+k}} = \beta_0 + \beta_1 \text{debt}_{it} + \beta_2 \text{debt}_{it}^2 + \beta_3 \text{lngdp\_cap}_{it} +$$
$$\gamma Z_{it} \ (\text{csh}; \ \text{openness}; \ \text{age}; \ \text{pop\_g}) + \mu_i + \varepsilon_{it} \qquad (3-8)$$

$$\text{ck}_{g_{it+k}} = \beta_0 + \beta_1 \text{debt}_{it} + \beta_2 \text{debt}_{it}^2 + \beta_3 \text{lngdp\_cap}_{it} +$$
$$\gamma Z_{it} \ (\text{csh}; \ \text{openness}; \ \text{age}; \ \text{pop\_g}) + \mu_i + \varepsilon_{it} \qquad (3-9)$$

$$\text{humc}_{g_{it+k}} = \beta_0 + \beta_1 \text{debt}_{it} + \beta_2 \text{debt}_{it}^2 + \beta_3 \text{lngdp\_cap}_{it} +$$
$$\gamma Z_{it} \ (\text{csh}; \ \text{openness}; \ \text{age}; \ \text{pop\_g}) + \mu_i + \varepsilon_{it} \qquad (3-10)$$

$$\text{emp}_{g_{it+k}} = \beta_0 + \beta_1 \text{debt}_{it} + \beta_2 \text{debt}_{it}^2 + \beta_3 \text{lngdp\_cap}_{it} +$$
$$\gamma Z_{it} \ (\text{csh}; \ \text{openness}; \ \text{age}; \ \text{pop\_g}) + \mu_i + \varepsilon_{it} \qquad (3-11)$$

二、公债对经济增长影响渠道的实证结果

如表3-13所示，无论是从哪个样本来看，公债的一次项和二次项系数分别是正数和负数，且回归系数在5%的水平上显著。这说明公债对全要素生产率增长的影响是非线性的，在一定公债水平内，公债能够促进技术进步、提高效率，但是超出一定的水平后，公债反而会阻碍技术进步和效率的提高。我们也可以看出不同类型的国家，公债对全要素生产率增长影响的门槛值是不同的。总体来说，仍然是新兴市场国家的门槛值最小，说明新兴市场国家债务的承受能力要比发展中国家和发达国家差。

表3-13　公债对全要素生产率影响的回归结果

解释变量	全样本	发展中国家	新兴市场国家	发达国家
debt	0.141 ***	0.162 **	0.167 ***	0.136 **
	(3.75)	(2.57)	(2.95)	(2.42)
debt_sq	−0.0006 ***	−0.0008 **	−0.0009 **	−0.0004 **
	(−3.53)	(−2.74)	(−2.16)	(−2.58)
lngdp_cap	−7.15 ***	−14.97 **	−7.97 **	−5.03
	(−4.69)	(−3.90)	(−4.98)	(−1.40)
csh_g	−0.09	0.30	−0.50 **	−0.11
	(−0.64)	(1.55)	(−2.88)	(−0.30)

续表

解释变量	全样本	发展中国家	新兴市场国家	发达国家
openness	−0.01	−0.07	0.10 **	−0.06 **
	(−0.53)	(−1.35)	(2.35)	(−2.08)
age	−0.27 ***	−0.35 **	−0.51 **	−0.19
	(−3.11)	(−2.27)	(−3.91)	(−1.33)
pop_g	0.26	0.99 *	5.16	−2.48 ***
	(0.61)	(1.96)	(1.53)	(−2.67)
con	73.93 ***	129.10 ***	85.01 ***	63.53
	(4.61)	(3.49)	(5.93)	(1.64)
观测值	2607	957	759	891
国家数	79	29	23	27
AR	Lag (3)	Lag (3)	Lag (3)	Lag (3)
R^2	0.10	0.08	0.24	0.11
门槛值	118	100	93	177

注：括号内数字为 t 值，*** 、 ** 、 * 分别代表 1%、5%、10% 的显著性水平。

如表 3-14 所示，从全样本看，公债的一次项和二次项系数都是不显著的，经过联合显著性检验确定公债对其有显著影响。全样本对公债的一次项进行回归，发现系数在 5% 水平上显著，而我们需要通过 LM 检验来确定是否需要引入公债二次项。经回归计算 $nR^2 = 2.04$，LM 检验结果是不显著的，说明不应该引入二次项，即从全样本看，公债对人力资本的影响是负的。

表 3-14　公债对人力资本影响的回归结果

解释变量	全样本	全样本	发展中国家	新兴市场国家	发达国家
debt	−0.006	−0.005 **	−0.012	0.048 **	−0.020
	(−0.82)	(−2.47)	(−0.62)	(2.29)	(−1.08)
debt_sq	0.00001	—	0.00007	−0.00026 **	0.00009
	(0.17)		(0.80)	(−2.22)	(1.66)
lngdp_cap	−2.52 **	−2.52	1.10	−4.88 ***	−4.38 ***
	(−3.68)	(−3.79)	(1.61)	(−6.01)	(−2.91)
csh_g	0.01	0.005	0.02	0.01	−0.14 *
	(0.25)	(0.24)	(1.09)	(0.19)	(−1.75)

续表

解释变量	全样本	全样本	发展中国家	新兴市场国家	发达国家
openness	0.002	0.002	0.01	-0.02	0.01
	(-0.31)	(-0.30)	(0.84)	(-1.71)	(0.68)
age	0.02	0.02	0.07 ***	0.02	-0.12 ***
	(1.22)	(1.22)	(3.12)	(0.29)	(-3.52)
pop_g	0.04	0.04	-0.29	-0.87	1.06 *
	(0.42)	(0.41)	(-1.14)	(-1.14)	(2.01)
con	27.95 ***	27.95 ***	-7.15	49.06 ***	60.28 ***
	(5.50)	(5.50)	(-1.44)	(5.83)	(4.00)
观测值	3069	3069	1386	792	891
国家数	93	93	42	24	27
AR	Lag (3)	Lag (3)	Lag (3)	Lag (3)	Lag (3)
R^2	0.04	0.04	0.03	0.14	0.10
联合显著 F 检验	0.0491	—	0.5599	0.0917	0.0776
LM 检验	2.04	—	—	92	

注：括号内数字为 t 值，***、**、* 分别代表 1%、5%、10% 的显著性水平。

从新兴市场国家样本来看，公债的一次项和二次项系数分别是正数和负数，回归系数在 5% 的水平上都是显著的，这说明只有新兴市场国家公债对人力资本增长的影响是非线性的。而从发展中国家和发达国家样本来看，公债的一次项和二次项系数在 5% 的水平上都是不显著的，同时联合检验的结果也显示在 5% 的水平上是不显著的，这说明发展中国家和发达国家公债对人力资本增长的影响是不明显的。

如表 3-15 所示，从全样本来看，公债一次项和二次项的系数都不显著，但是两者的联合检验是显著的，而我们对两者分别进行回归时其一次项系数不显著，二次项系数在 5% 的水平上显著，采用 LM 检验发现也不能通过检验。因此，从全样本来看，公债对资本积累增长的影响不存在。

表 3-15　公债对资本积累增长的影响回归结果

解释变量	全样本	发展中国家	新兴市场国家	发达国家
debt	0.059	0.072	0.241	-0.006
	(0.62)	(0.89)	(1.38)	(-0.04)

续表

解释变量	全样本	发展中国家	新兴市场国家	发达国家
debt_sq	−0.00039	−0.00018	−0.00204 *	−0.00001
	(−1.30)	(−0.83)	(−1.83)	(−0.03)
lngdp_cap	−2.05	−0.72	−10.90 *	−4.23 **
	(−0.65)	(−0.19)	(−2.00)	(−2.22)
csh_g	−0.56 ***	0.01	−1.44 ***	0.35
	(−2.89)	(0.02)	(−3.80)	(0.45)
openness	0.03	0.00	0.00	0.09 *
	(0.70)	(−0.02)	(0.04)	(1.91)
age	−0.60 ***	−0.59 ***	−0.94 *	−0.84
	(−4.38)	(−2.98)	(−1.99)	(−1.91)
pop_g	−0.22	0.27	−5.13	3.68 ***
	(−0.22)	(0.26)	(−0.50)	(4.19)
con	97.11 **	76.98	261.05 ***	102.35 ***
	(2.35)	(1.50)	(2.91)	(3.25)
观测值	3162	1550	775	837
国家数	102	50	25	27
AR	Lag（3）	Lag（3）	Lag（3）	Lag（3）
R^2	0.07	0.05	0.25	0.07
联合显著 F 检验	0.01	0.67	0.03	0.98
LM 检验	—		60	—

注：括号内数字为 t 值，***、**、* 分别代表 1%、5%、10% 的显著性水平。

从新兴市场国家样本来看，公债的一次项和二次项的回归系数都在 10% 的水平上显著，但是由于两者的相关系数比较大，存在一定程度的多重共线性，从而同时把两者放入解释变量时，由于多重共线性的影响导致一次项的系数不显著，但是两者的联合检验结果是显著的。同时，我们采用 LM 检验，确定应该引入公债二次项。因为 $nR^2 = 4.35 > 2.7$ 的临界值，因此，在新兴市场国家中，公债对资本存积累增长的影响是非线性的，公债在一定的范围内可以促进资本积累增长速度，但是超出一定的范围后，公债会降低资本积累的增长速度。

而从发展中国家和发达国家样本来看，公债的一次项和二次项系数在 5% 的水平上均不显著，同时联合检验的结果也显示在 5% 的水平均不显著，这说明发展中国家和发达国家公债对资本积累增长的影响是不明显的。

如表 3-16 所示，从全样本来看，公债对劳动增长的影响不是很明显。从发展中国家样本来看，公债的一次项和二次项的系数分别是正的和负的，两者的联合检验结果是在5%水平上显著的。虽然可以计算出公债门槛值为1000，但这一数值没有实际意义，因为样本中并不包含这个值。通过对公债一次项和二次项分别进行回归，发现公债二次项系数显著，且为正，说明公债对劳动增长率的影响是正的，为抛物线的右半边。

表3-16　公债对劳动增长的影响回归结果

解释变量	全样本	发展中国家	发展中国家	新兴市场国家	发达国家
debt	0.025	0.018	—	0.011	0.059 *
	(1.26)	(0.85)		(0.69)	(1.70)
debt_sq	−0.00006	−0.00001	0.00004 *	0.00004	−0.00029 **
	(−1.23)	(−0.30)	(1.95)	(0.42)	(−2.30)
lngdp_cap	−6.58 ***	−4.07 **	−41.80	10.72 ***	−15.71 ***
	(−4.16)	(−2.43)	(−2.32)	(−4.02)	(−4.61)
csh_g	−0.07 ***	−0.002	−0.003	−0.17 ***	−0.49 ***
	(−2.98)	(−0.11)	(−0.14)	(−3.39)	(−3.92)
openness	0.01 **	−0.02	−0.02	0.02 ***	0.07 ***
	(2.08)	(−1.50)	(−1.67)	(1.77)	(3.46)
age	−0.08 *	−0.07	−0.07	−0.12	−0.19
	(−1.88)	(−1.51)	(−1.51)	(−1.49)	(−1.33)
pop_g	1.70 ***	2.05 ***	2.03 ***	1.43	−0.77
	(8.08)	(6.14)	(5.88)	(1.63)	(−1.46)
con	18.80 ***	13.74 ***	14.82 ***	43.25 ***	39.33 ***
	(4.23)	(3.08)	(3.11)	(3.52)	(4.18)
观测值	3162	1616	1616	825	891
国家数	102	50	50	25	27
AR	Lag（3）	Lag（3）	Lag（3）	Lag（3）	Lag（3）
R^2	0.09	0.10	0.10	0.20	0.15
联合显著F检验	0.45	0.02	—	0.18	0.02
LM检验	—	—	—	—	100

注：括号内数字为t值，***、**、*分别代表1%、5%、10%的显著性水平。

　　从新兴市场国家样本来看，公债的一次项和二次项的系数都是正数，两者的联合检验结果是不显著的。这也再次证明了公债对劳动增长率的影响是不显著的。

从发达国家样本来看，公债一次项和二次项的系数均在 10% 水平上显著，说明公债对劳动增长率的影响是非线性的，公债在一定的范围内可以促进劳动增长速度，但是超出一定的范围后，公债会降低劳动增长速度。

第五节　腐败对公债经济增长效应的影响

一、特征化事实

本书以 75 个国家 2005～2019 年的面板数据作为样本。① 从图 3-5 至图 3-9 可以看出，如果不对数据进行分类，从总体上看，公债和经济增长的关系类型不太明显，看似两者有微弱的负线性相关关系。但是，如果我们把数据分别按照 ccl 和 cpi 来进行分类②，我们发现当 ccl≤1.25 时，公债和经济增长的相关关系为负；当 ccl>1.25 时，公债和经济增长的相关关系为正。同样，当 cpi≤7.5 时，公债和经济增长之间的相关关系为负；当 cpi>7.5 时，公债和经济增长的相关关系为正。从图 3-5 至图 3-9 大致可以看出，公债对经济增长的影响受腐败的影响。腐败门槛值是人为设定的，为了精确分析，需要建立模型来分析腐败、公债与经济增长的关系及腐败的门槛值。

---

① 75 个国家包括澳大利亚、奥地利、加拿大、塞浦路斯、丹麦、芬兰、法国、德国、希腊、冰岛、爱尔兰、以色列、意大利、日本、马耳他、荷兰、新西兰、挪威、葡萄牙、新加坡、西班牙、瑞典、瑞士、英国、阿尔及利亚、巴林、孟加拉国、巴巴多斯、博茨瓦纳、布吉纳法索、喀麦隆、多米尼加、冈比亚、危地马拉、洪都拉斯、伊朗、牙买加、马达加斯加、马拉维、马里、摩洛哥、厄瓜多尔、尼日尔、巴基斯坦、巴拿马、塞内加尔、塞拉利昂、特立尼达和多巴哥、突尼斯、乌干达、津巴布韦、阿根廷、玻利维亚、巴西、智利、中国、哥伦比亚、哥斯达黎加、埃及、萨尔瓦多、加纳、印度、印度尼西亚、肯尼亚、马来西亚、墨西哥、尼日利亚、秘鲁、菲律宾、南非、斯里兰卡、泰国、土耳其、乌拉圭和委内瑞拉。对缺失的数据进行了插值、多重补漏或删除处理。

② 由于 ccl 的取值范围为（-2.5～2.5），cpi 的取值范围为（0，10），为了易于看清腐败对公债与经济增长关系的影响，我们不取平均数作为分界点，而是取 3/4 分位数的值作为分界点。因此，ccl 的分界点是 1.25，cpi 的分界点是 7.5。

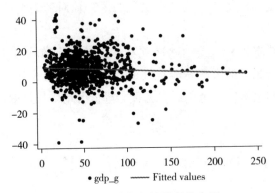

图 3-5　公债与经济增长散点图

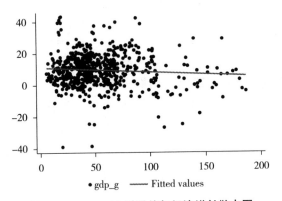

图 3-6　ccl≤1.25 时公债与经济增长散点图

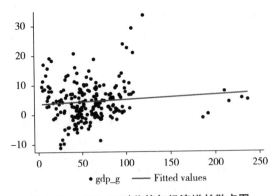

图 3-7　ccl>1.25 时公债与经济增长散点图

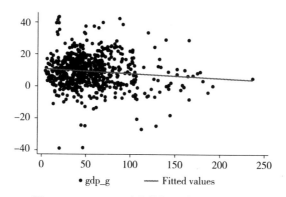

图 3-8　cpi≤7.5 时公债与经济增长散点图

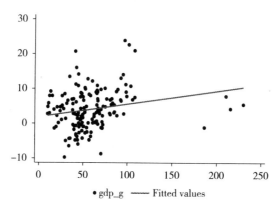

图 3-9　cpi>7.5 时公债与经济增长散点图

二、模型

Barro 和 Salaimartin（1995）发现在 67 个解释变量中有 18 个与长期增长显著地、稳健地相关。在这 18 个变量中，只有几个是经济变量，如初始人均实际 GDP 水平、小学入学率、初始政府消费份额及初始开放度等，剩下的是区域变量和各种社会政治因素变量（包括宗教和种族变量）。在充分考虑了这些影响经济增长核心变量的基础上，本书的控制变量有 lngdp_cap、csh、openness、age 和 pop_g。同时，我们把 debt（公债占 gdp 的比重）也扩展到模型中。因此，为了充分反映腐败对公债的经济增长效应的动态变化特征，我们建立的两个 PSTR 模型如下：

$$gdp\_g_{it+k} = \mu_i + \alpha_0 Z_{it}(\text{lngdp\_cap}; \text{ csh}; \text{ openness}; \text{ age}; \text{ pop\_g}) + \beta_0 debt_{it} +$$

$$\sum_{j=1}^{r} \beta_j debt_{it} g_i(ccl_{it}^j; \gamma^j; c_j) + \varepsilon_t \tag{3-12}$$

$$gdp\_g_{it+k} = \mu_i + \alpha_0 Z_{it}(\text{lngdp\_cap}; \text{ csh}; \text{ openness}; \text{ age}; \text{ pop\_g}) + \beta_0 debt_{it} +$$

$$\sum_{j=1}^{r} \beta_j debt_{it} g_i(cpi_{it}^j; \gamma^j; c_j) + \varepsilon_t \tag{3-13}$$

其中，i 代表国家，t 代表时间。gdp_g_{it+k} 的计算方法是用 $\log(gdp\_cap)_{it+k} - \log(gdp\_cap)_{it}$，这种计算方法是国际上通用的计算方法，如 Bekaert 等（2001）、Woo 和 Kumar（2015）、Cecchetti 等（2011）都采用这种计算方法。K = 4 代表未来 5 年人均 GDP 增长率。

三、实证分析

（一）描述性统计[①]

从我们选取的数据来看，全样本、高债务组和低债务组样本的各经济变量均表现出一定的差异。如表 3-17 所示，全样本中 5 年经济增长率的平均值为 8.257%，腐败控制水平的平均值为 0.285，腐败透明指数的平均值为 4.814；低债务样本中 5 年经济增长率的平均值为 8.413%，腐败控制水平的平均值为 0.151，腐败透明指数的平均值为 4.578；高债务样本中 5 年经济增长率的平均值为 8.033%，腐败控制水平的平均值为 0.477，腐败透明指数的平均值为 5.151。

表 3-17　各变量描述性统计

变量	观测值	均值	标准差	最小值	最大值
全样本					
gdp_g	825	8.257	9.755	-38.883	43.440
debt	825	55.718	33.943	3.900	236.600
ccl	825	0.285	1.122	-1.497	2.470
cpi	825	4.814	2.418	1.200	9.700
lngdp_cap	825	8.798	1.593	5.781	11.425

[①]　我们按照公债的平均值把样本分为高债务组（公债>55.7）和低债务组（公债≤55.7）。

变量	观测值	均值	标准差	最小值	最大值
全样本					
csh	825	16.077	6.410	1.663	91.311
openness	825	79.251	53.921	20.686	441.604
age	825	60.502	17.583	27.800	111.860
pop_g	825	1.496	1.092	−1.854	7.774
低债务组					
gdp_g	486	8.413	9.540	−38.883	43.440
debt	486	34.567	12.939	3.900	55.600
ccl	486	0.151	1.128	−1.497	2.470
cpi	486	4.578	2.424	1.200	9.700
lngdp_cap	486	8.612	1.495	5.788	11.417
csh	486	15.440	5.892	5.464	91.311
openness	486	74.010	33.115	26.858	210.374
age	486	61.383	18.391	27.800	111.860
pop_g	486	1.676	1.069	0.161	7.774
高债务组					
gdp_g	339	8.033	10.065	−26.891	42.445
debt	339	86.042	31.671	55.700	236.600
ccl	339	0.477	1.086	−1.431	2.422
cpi	339	5.151	2.373	1.400	9.500
lngdp_cap	339	9.065	1.690	5.781	11.425
csh	339	16.990	6.994	1.663	86.760
openness	339	86.764	73.610	20.686	441.604
age	339	59.240	16.300	35.780	108.710
pop_g	339	1.239	1.075	−1.854	5.322

（二）PSTR 模型估计结果[①]

1. PSTR 模型线性检验

先对面板数据进行线性检验以确定是否有必要使用 PSTR 模型，该检验的原假设是模型为线性模型（$H_0: \gamma = 0$），即系统只存在一个机制，备择假设是模型为非线性模型（$H_1: \gamma = 1$），即系统至少存在两个机制，确实有必要使用

---

① 本书的检验及估计采用 Yukai Yang（2018）的 R 语言 PSTR 程序包来完成。

非线性模型。为了避免转换函数 $g_j(q_{it}^j; \gamma^j; c_j)$ 的识别问题，通常在 $\gamma=0$ 处用转换函数的一阶泰勒展开式近似替代原模型中的转换函数，从而构造出一个关于参数线性的辅助回归。重新参数化后，构造辅助回归方程如下：

$$y_{it} = \mu_i + \alpha_0 z_{it} + \beta_0^* x_{it} + \beta_1^* x_{it} q_{it} + \beta_2^* x_{it} q_{it}^2 + \cdots + \beta_m^* x_{it} q_{it}^m + u_{it}^* \quad (3-14)$$

检验 $\gamma=0$ 等同于检验原假设 $H_0^*: \beta_1^* = \cdots = \beta_m^* = 0$。

由表 3-18 可以看出，除了极个别检验外，无论假设 $m=1$、$m=2$ 还是 $m=3$（无论假设位置参数在转移函数中的个数是 1 个、2 个还是 3 个），模型的非线性特征检验均在 10% 的显著性水平上拒绝了原假设，说明本书的面板数据具有明显的非线性转换机制，应该采用 PSTR 模型进行估计，同时也说明模型至少存在一个转换函数。

表 3-18　PSTR 模型线性检验

	转换变量为 ccl						转换变量为 cpi					
	LM_χ	LM_F	HAC_χ	HAC_F	WB	WCB	LM_χ	LM_F	HAC_χ	HAC_F	WB	WCB
$m=1$	21.120 (0)	19.020 (0)	4.569 (0.033)	4.115 (0.043)	0	0.020	19.590 (0)	17.650 (0)	5.990 (0.014)	5.394 (0.020)	0	0
$m=2$	29.31 (0)	13.18 (0.006)	7.484 (0.023)	3.365 (0.035)	0.003	0.090	19.620 (0)	8.823 (0)	7.120 (0.028)	3.202 (0.041)	0	0.075
$m=3$	40.75 (0)	12.20 (0)	8.023 (0.032)	2.619 (0.450)	0.00	0.173	23.45 (0)	7.022 (0)	7.616 (0.054)	2.280 (0.078)	0	0.145

注：LM_χ（卡方版标准 LM 检验）：线性空假设下，LM 统计量渐进服从 χ^2 分布；LMF（F 版标准 LM 检验）：线性空假设下，LM 统计量渐进服从 F 分布；HAC_χ（卡方版稳健 LM 检验）：线性空假设下，误差项存在异方差和自相关时，LM 统计量渐进服从 χ^2 分布；HACF（F 版稳健 LM 检验）：线性空假设下，误差项存在异方差和自相关时，LM 统计量渐进服从 F 分布；WB（狂野自抽样 LM 检验）具有异方差稳健性；WCB（集群狂野自抽样 LM 检验）具有集群依赖性和异方差稳健性。[1] 集群依赖性意味着个体内部可能存在依赖性（自相关），但个体之间不存在相关性。括号中的数值代表 P 值。WB 和 WCB 列中的数字也代表 P 值。

2. PSTR 模型确定位置参数个数选择

在转换函数个数 $r=1$ 的条件下，分别计算当 $m=1$、$m=2$ 和 $m=3$ 时的显著性 P 值。P 值越小，表明越显著，应采取相应的位置参数。从表 3-19 可以看

---

① Gonzalez A., Teräsvirta T., Van Dijk D., Yang Y. Panel Smooth Transition Regression Models [R]. Working Paper Serials in Economics and Finance, 2017.

出，最佳的位置参数是 1 个，因为在 m=1 时，所有检验统计量的 P 值都比 m=2 和 m=3 的小，且 WB 和 WCB 检验均在 5% 的水平上显著。

表 3-19　位置参数的选择

	转换变量为 ccl						转换变量为 cpi					
	LM_X	LM_F	HAC_X	HAC_F	WB	WCB	LM_X	LM_F	HAC_X	HAC_F	WB	WCB
H_{01}	21.120 (0)	19.020 (0)	4.569 (0.302)	4.115 (0.043)	0	0.02	19.590 (0)	17.650 (0)	5.990 (0.014)	5.394 (0.020)	0	0
H_{02}	8.409 (0.004)	7.563 (0.006)	0.967 (0.325)	0.869 (0.035)	0.063	0.467	0.025 (0.873)	0.023 (0.88)	0.006 (0.937)	0.005 (0.94)	0.92	0.935
H_{03}	11.86 (0)	10.650 (0.001)	1.334 (0.248)	1.198 (0.274)	0.04	0.293	3.927 (0.048)	3.527 (0.061)	0.876 (0.349)	0.786 (0.376)	0.140	0.380

注：原假设分别为：H_{01}^*：$\beta_1^*=0/\beta_3^*=\beta_2^*=0$，$H_{02}^*$：$\beta_2^*=0/\beta_3^*=0$，$H_{03}^*$：$\beta_3^*=0$；括号中的数值代表 P 值。

3. PSTR 模型剩余非线性检验

在通过线性检验的基础上，需要进一步进行剩余非线性效应检验（H_0：$\gamma=1$；H_1：$\gamma=2$），即检验存在一个或两个转换函数。此时，对于第二个转换函数，在 r=0 处用转换函数的一阶泰勒展开式近似替代原模型中的转换函数，构造辅助回归方程，采用类似于"线性检验"的方法，计算统计量。如果仍然拒绝 H_0，则需要继续进行剩余非线性检验（H_0：$\gamma=2$；H_1：$\gamma=3$），直至不能拒绝 H_0 为止。最终可得到模型的最佳转换函数个数 r。如表 3-20 所示，在剩余非线性检验中，两个模型中的统计量在 10% 水平上均不显著，不能拒绝存在唯一一个转换函数的原假设。

表 3-20　剩余非线性检验

变量	LM_X	LM_F	HAC_X	HAC_F	WB	WCB
ccl	32.59 (0)	4.153 (0)	5.895 (0.552)	0.751 (0.629)	0.25	0.77
cpi	28.33 (0)	2.793 (0.003)	10.52 (0.310)	1.037 (0.408)	0.965	0.99

注：括号中的数值代表 P 值。

4. PSTR 模型回归结果分析

如表3-21列（1）所示，模型1中位置参数 c 即门槛值是0.31，当 ccl≤0.31 时，模型趋向低区制；反之，模型趋向高区制。在观测样本中，处于低区制（ccl≤0.31）的样本观测值数量是504个，占61%；处于高区制（ccl>0.31）的样本观测值数量是321个，占39%。模型在低区制与高区制之间平滑参数 γ 的取值为7.389，说明转换函数在0~1缓慢转换，即模型从低区制向高区制的转换是平滑的，图3-10为平滑转移函数图形。

表 3-21　PSTR 模型回归结果分析

变量	ccl			cpi		
	全样本（1）	高债务组（2）	低债务组（3）	全样本（4）	高债务组（5）	低债务组（6）
lngdp_cap	−43.330 ***	−59.39 ***	−35.71 ***	−43.150 ***	−57.84 ***	−37.120 ***
	(9.088)	(21.05)	(7.094)	(8.857)	(20.02)	(6.834)
csh	−0.152 ***	−0.192 *	−0.094	−0.151 ***	−0.180 *	−0.112
	(0.055)	(0.108)	(0.212)	(0.052)	(0.094)	(0.212)
openness	0.015	0.050	−0.035	0.022	0.050	−0.037
	(0.045)	(0.07)	(0.037)	(0.044)	(0.068)	(0.041)
age	−0.482 *	−0.619	−0.343	−0.458 *	−0.508	−0.331
	(0.288)	(0.693)	(0.237)	(0.282)	(0.601)	(0.217)
pop_g	−1.058	0.086	−1.900 ***	−1.330	0.059	−1.665 **
	(1.082)	(1.620)	(0.730)	(1.129)	(1.670)	(0.830)
Debt1	−0.016	−0.043	−0.053	−0.006	−0.037	−0.103
	(0.026)	(0.046)	(0.047)	(0.025)	(0.040)	(0.149)
非线性部分	0.163 ***	0.137 **	0.313 ***	0.112 ***	0.104 **	0.377 ***
	(0.045)	(0.068)	(0.066)	(0.030)	(0.050)	(0.159)
Debt2	0.148 ***	0.094 *	0.260 ***	0.114 ***	0.067 *	0.273 ***
	(0.047)	(0.054)	(0.043)	(0.040)	(0.037)	(0.038)
γ	7.389 *	2.300 ***	3.243	11.080 **	7.389 ***	1.248
	(4.531)	(0.881)	(2.516)	(4.743)	(2.553)	(1.102)
c	0.310 ***	1.015	0.286	4.005 ***	5.241 ***	3.852 ***
	(0.045)	(1.674)	(0.346)	(0.054)	(0.112)	(1.11)

注：***、**、* 分别代表1%、5%、10%的显著性水平，括号中的数值代表标准误。

从估计系数来看，在低区制（ccl≤0.31）下，公债对长期经济增长的影响是负的，为−0.016，但是在10%的水平上不显著，表明当腐败控制不好时，公债对长期经济增长有负向影响，但是不显著。然而，随着腐败控制水平的增加，公债对长期经济增长的影响逐渐变为正向，通过平滑转移函数的作用最终转换为 0.148。

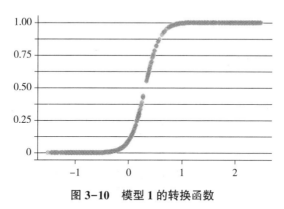

图 3-10　模型 1 的转换函数

如表 3-21 列（4）所示，模型 2 中位置参数 c 即门槛值是 4，当 cpi≤4 时，模型趋向低区制；反之，模型趋向高区制。在观测样本中，处于低区制（cpi≤4）的样本观测值数量是 448 个，占 54.3%；处于高区制（cpi>4 的样本观测值数量是370 个，占 45.7%）。模型在低区制与高区制之间平滑参数 γ 的取值为 11.08，说明转换函数在 0~1 转换较快，图 3-11 绘制了平滑转移函数图形。

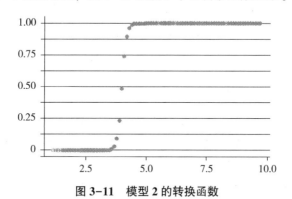

图 3-11　模型 2 的转换函数

从估计系数来看，在低区制（cpi≤4）下，公债对长期经济增长的效应是负的，为-0.006，但是在 10% 的水平上不显著，表明当腐败程度较高时，公债对长期经济增长有负向影响，但是不显著。然而，随着腐败程度的降低，公债对长期经济增长的影响逐渐变为正向，通过平滑转移函数的作用最终转换为 0.114。

表 3-21、图 3-10 和图 3-11 意味着当腐败程度较高时，公债对长期经济增长存在不显著的负向影响，随着腐败程度的下降，公债对长期经济增长的影响逐渐变成显著的正向（$\beta_0 < 0$，$\beta_0 + \beta_1 > 0$）。在较高的腐败环境下，如果一个国家增加公共债务，那么它对经济增长的影响是不明显的。因此，要想提高公债对经济增长的促进作用，应该提高政府治理水平，加大反腐力度。这也说明了公债与经济增长之间的非线性关系。

我们将样本按照债务水平进行分组，来考察不同债务水平下腐败对公债与经济增长关系的影响。[①] 回归结果如表 6 列（2）、列（3）、列（4）和列（6）所示。我们可以得出与全样本相同的结论。腐败对公债的经济增长效应有影响，模型从低区制向高区制转换是平滑的，随着腐败程度的下降，公债对长期经济增长的影响由负向逐渐变为正向（在低区制，公债对经济增长有不显著的负向影响，在高区制公债对经济增长有显著的正向影响）。我们还发现，腐败对公债的经济增长影响在两组间存在一定的差异。如图 3-12 至图 3-15 所示，在高债务组，ccl 的位置参数比低债务组高（高债务组位置参数为 1.015，低债务组位置参数为 0.286），同时 cpi 的位置参数也比低债务组高（高债务组的位置参数为 5.241，低债务组的位置参数为 3.852）。无论是以 ccl 还是 cpi 作为转换变量，在高区制内低债务组公债对经济增长的系数要比高负债组大很多。[②] 这意味着当负债水平较高时，腐败控制水平和感知指数的门槛值也较高，公债要想促进经济增长对腐败的治理水平要求比较高，同时也说明在高公债水平下，经济增长率更低。

（三）基本回归模型稳健性检验

为了进一步检验实证结果的稳定性，本书按照模型 1 和模型 2 中的位置参数 c 把数据分别分成两组：高区制组和低区制组，在控制其他变量的基础上，运用面板固定效应回归模型对公债与经济增长之间的关系进行回归。结果如表 3-22 所示，ccl 高于 0.31 的组其公债的系数为 0.096，且在 5% 的水平上显著，而 ccl 低于 0.31 的组其公债的系数为 0.009，且在 10% 的水平上不显著。同样，

---

① 同描述性统计一样，我们按照公债的平均值把样本分为高债务组（公债>55.7）和低债务组（公债≤55.7）。

② 以 ccl 为转换变量时，高债务组公债对经济增长的回归系数为 0.094，低债务组公债对经济增长的回归系数为 0.26；以 cpi 为转换变量时，高债务组公债对经济增长的回归系数为 0.067，低债务组公债对经济增长的回归系数为 0.273。

cpi 高于 4 的组其公债的系数为 0.103，且在 10% 的水平上显著，而 cpi 低于 4 的组其公债的系数为 0.009，且在 10% 的水平上不显著。因此，当一个国家的腐败控制水平和腐败感知指数比较高时，公债能够显著促进经济增长；而当一个国家的腐败控制水平和腐败感知指数比较低时，公债对经济增长的影响比较小，且是不显著的。

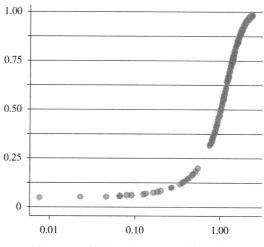

图 3-12　模型 1 高负债组的转换函数

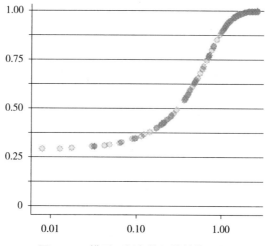

图 3-13　模型 1 低负债组的转换函数

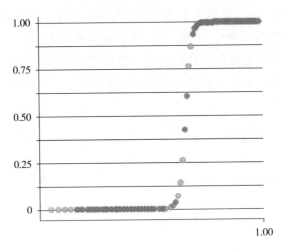

图 3-14　模型 2 高负债组的转换函数

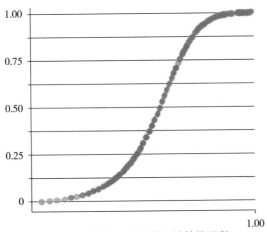

图 3-15　模型 2 低负债组的转换函数

表 3-22　稳健性检验

变量	ccl		cpi	
	高区制 （ccl>0.31）	低区制 （ccl≤0.31）	高区制 （cpi>4）	低区制 （cpi≤4）
debt	0.096 **	0.009	0.103 *	0.009
	(0.047)	(0.014)	(0.051)	(0.012)
lngdp_cap	−47.639 ***	−39.576 ***	−51.084 ***	−38.385 ***
	(8.411)	(5.620)	(8.855)	(5.579)

续表

变量	ccl		cpi	
	高区制 （ccl>0.31）	低区制 （ccl≤0.31）	高区制 （cpi>4）	低区制 （cpi≤4）
pop_g	−1.177**	−1.793**	−1.169***	−0.987
	(0.492)	(0.758)	(0.394)	(1.720)
age	−0.212	−0.416**	−0.383***	−0.394**
	(0.142)	(0.157)	(0.124)	(0.166)
openness	0.042	−0.006	0.019	0.032
	(0.029)	(0.031)	(0.023)	(0.043)
cons	500.252***	350.232***	538.365***	330.968***
	(95.323)	(53.723)	(96.879)	(55.099)
观测值	321	504	370	448
组内 R^2	0.40	0.15	0.41	0.40
AR	Lag（2）	Lag（2）	Lag（2）	Lag（2）

注：***、**、*分别代表1%、5%、10%的显著性水平；括号中的数值代表标准误。

第六节　结论与启示

第一，公债与经济增长之间存在着非线性关系，这种关系普遍存在于发展中国家、新兴市场国家和发达国家，且新兴市场国家公债的门槛值比发展中国家和发达国家都低。因此从长期来看，必须对公债的规模进行严格控制，避免由于公债的规模过大而对长期经济增长产生不利影响。

第二，不同类型国家的公共债务门槛值不具有唯一性和确定性，且随着经常账户余额、总储蓄、危机程度和开放程度的不同而不同，这些变量对三组国家的影响存在显著差异。此外，不同类型国家门槛的影响因素也不同。发达国家经常账户余额的改善能提高公债的门槛值。新兴市场国家和发达国家国民储蓄的增长能提高公债的门槛值。危机的发生加速了各国公债临界点的到来。发展中国家和新兴市场国家开放度的增长能降低公债的门槛值，而发达国家开放度的增长能提高公债的门槛值。决策者应控制公共债务的规模及其影响因素，以支持较长期的经济增长。公共债务是一把"双刃剑"，没有哪个政府可以无限期地借钱。因此，必须严格控制国债规模，避免对长期经济增长产生不利影响。

第三，公债对经济增长的影响渠道在不同类型的国家间存在一定的相同点和不同点。公债对全要素生产率增长的影响是非线性的，这一点对所有类型的国家都是相同的。公债对新兴市场国家人力资本增长和资本积累的影响是非线性的。公债对发展中国家劳动增长的影响是正的，而对发达国家的影响却是非线性的。因此，对不同类型的国家公债影响经济增长的渠道是有区别的。作为最大的新兴市场国家，该研究结论对中国同样适用。要防止公债通过全要素生产率、人力资本和资本积累的渠道降低经济增长。

第四，在公债对经济增长的影响中腐败扮演着重要角色。当腐败程度较高时，公债对长期经济增长的影响是负的，但是不显著；随着对腐败治理水平的提高，公债对长期经济增长的影响逐渐变正，且显著。这意味着如果政府廉洁，同样的公债水平会导致更高的经济增长速度。因此，要想提高公债对经济增长的促进作用，应该提高政府的治理水平，控制腐败的程度，加大反腐力度。这也说明了公债与经济增长之间的非线性关系。腐败对公债的经济增长效应在高债务组和低债务组间存在一定的差异。在高债务组，腐败控制水平和感知指数的位置参数比低债务组高；无论是在高债务组还是在低债务组，在高区制下公债对经济增长的回归系数要比低区制下大得多。这意味着当负债水平较高时，腐败控制水平和感知指数的门槛值也较高，公债要想促进经济增长对腐败的治理水平要求比较高，同时也说明在高公债水平下，经济的增长率更低。在公债规模比较大时，要想提高公债的使用效果更应该严格控制腐败水平，如果腐败治理不好，发行公债成为官员牟利的工具，公债就不能有效地使用，公债就不能促进经济增长，反而会给整个国家带来很大的负担。

| 第四章 |
公债的短期经济增长效应

在实施公债政策时，市场参与者通过调整他们的行为影响到经济中的总需求，从而对短期经济增长产生一定的影响。依据经济理论，消费、投资和进出口构成了一个国家的总需求。由于公债对进出口的影响较小，因此，本章在分析公债的短期经济增长效应时，主要从消费和投资两个方面进行。

第一节　公债的消费效应

公债的消费效应是各国制定和调整财政政策需要考虑的一个关键问题。如果公债能够刺激家庭消费的增长，这就为实施积极财政政策、扩大内需提供了理论基础。目前我国经济正逐渐步入新常态，我国在经济增长速度、经济发展方式、经济增长动力、资源配置方式及产业结构调整转型等方面都面临着新的机遇和新的挑战，这成为经济发展中较长时期稳定存在的特征。经济结构的变化是一个不容忽视的问题。在这个时期，公债消费效应的研究也是一个重大问题。

一、公债对消费的影响机理

公债对家庭消费的影响主要反映在两个方面：一是家庭对公债债券是否属于金融财富的判断；二是公债资金的来源与使用。

（一） 公债的财富效应

消费取决于消费函数，消费函数的重要影响因素就是家庭的可支配收入及其财富的占有状况。公债的财富效应也就是公债的资产效应，是指公债的发行使购买者持有的资产增加，从而使购买者的消费和储蓄行为发生变化。

公债的发行过程也就是民间部门认购公债的过程，如果民间部门即公债的认购者认为公债是一种债权，是一项金融资产，购买公债使自己更富有了，他们便会增加消费，进而对国民收入产生很大的影响。如果民间部门也认识到公债是未来的税收，那么未来税收的增加就使未来的可支配收入减少，理性的消费者就会在整个生命周期内平滑他们的消费。因此，如果公债的认购者有了这种理性预期，就会减少现期消费以应付未来税收的增加，那么，公债对民间消费便没有任何影响，即符合"李嘉图等价定理"。综合来说，公债对民间消费的财富效应取决于民间部门的错觉程度。如果人们没有意识到或者不关心未来的税收负担，则存在完全的幻觉；如果人们完全意识到或者关心公债的未来税收负担，就完全没有幻觉；如果人们部分意识到或者部分关系未来的税收负担，便存在部分公债幻觉。[①]由于公债的财富效应取决于民间部门主观上对未来税收预期的判断，总体上看，民间部门对公债发行所带来的未来还债负担和税收负担的认识往往是不一致的，因此它具有一定的不确定性。

（二） 公债资金的来源与使用

公债资金的来源与使用也会影响到消费。如果民间部门用闲置不用的资金购买公债，那么公债发行对民间部门的投资和消费决策不产生影响；如果公债资金来源于居民的有计划的消费支出，居民压缩原来的消费而购买公债，那么当前的居民消费会减少。

如果公债资金经过政府支出后，又通过转移性支出或者劳动收入的形式回来，对居民消费就不会产生影响；如果公债发行取得的收入用于教育支出、卫生支出、社会保障支出等政府消费性支出，那么可能会影响到居民的收入预期，进而会影响居民的消费；如果公债资金用于政府投资性支出，那么可能会促进民间投资，带动居民收入增长，从而促进民间消费。因此，总体来说公债的使用有两种效应："挤入效应"与"挤出效应"。如果公债资金的使用使消费者的

①　赵志耘. 公债经济效应论 ［M］. 北京：中国财政经济出版社，1997.

当期或预期的可支配收入增加，或者使消费者预期未来支出减少，则它会带动消费者支出增加，从而产生"挤入效应"。反之，如果公债资金的使用对消费者的投资环境、投资回报率及通货膨胀等方面带来负面影响，则它会抑制消费者支出，从而产生挤出效应。

总体来说，公债的这些影响并不是独立存在的，可能相伴交织产生，最终的影响结果取决于各种效应的综合作用结果。

二、公债影响消费的理论模型

影响消费的因素众多，消费与其影响因素之间的关系通过消费函数表现出来，现代经济理论中的消费函数指的是消费支出与决定消费的各种因素之间的依存关系。影响消费支出的因素很多，但最重要的核心因素是即期可支配收入和财富。基于本书的研究目的，在充分考虑了这些影响家庭消费支出核心因素的基础上，把公债（公债占 GDP 的比重）也扩展到这个模型中。把公债的规模引入消费函数，用公式表示为：

$$exp\_pri = F(dr, wealth, debt) \qquad (4-1)$$

其中，exp_pri 代表家庭最终消费支出，dr 代表可支配收入，wealth 代表财富，debt 代表公债余额。

经过充分的分析，本书的核心控制变量如下：

（1）政府消费水平（exp_gov），反映了一国政府的消费状况。政府消费对民间消费的影响是复杂的，可能存在三种情况，即互补、替代和无关。因此，这个变量的系数不确定。

（2）金融自由化的程度（credit_pri），反映了一国政府对金融的监管状况。如果一个国家的政府对金融的管制程度较低，资金流动比较自由，则家庭容易取得贷款，因此他们更放心地进行消费，受资金的约束较小。因此，预期这个变量的系数为正。

借鉴 Grenier（2012）及 Checcherita Westpha 和 Rother（2012）的实证分析方法，本书基本的回归模型设定如下：

$$exp\_pri_{it} = \beta_0 + \beta_1 gdp\_cap_{it} + \beta_2 wealth_{it} + debt_{it} +$$
$$\gamma Z_{it}(exp\_gov, credit\_pri) + \mu_i + \varepsilon_{it} \qquad (4-2)$$

其中，i 代表国家；t 代表时间；Z_{it} 代表一系列控制变量；μ_i 代表国家固定效应；ε_{it} 代表随机误差项。由于可支配收入数据收集不到，我们用人均 GDP

（gdp_cap）作为可支配收入的代理变量。

考虑到公债对消费的影响可能是非线性的，存在一定的门槛，本书也引入门槛模型，借鉴 Hansen（1999）面板门槛模型的思路，在基本回归模型的基础上，当存在一个门槛时，设定的模型如下：

$$exp\_pri_{it}=\beta_0+\beta_1 gdp\_cap_{it}+\beta_2 wealth_{it}+\beta_3 debt_{it}I（debt_{it}\leq\lambda_1）+$$
$$\beta_4 debt_{it}I（debt_{it}>\lambda_1）+\gamma Z_{it}（exp\_gov，credit\_pri）+\mu_i+\varepsilon_{it}$$

$$(4-3)$$

当存在两个门槛时，设定的模型如下：

$$exp\_pri_{it}=\beta_0+\beta_1 gdp\_cap_{it}+\beta_2 wealth_{it}+\beta_3 debt_{it}I（debt_{it}\leq\lambda_1）+$$
$$\beta_4 debt_{it}I（\lambda_1<debt_{it}\leq\lambda_2）+\beta_5 debt_{it}I（debt_{it}>\lambda_2）+$$
$$\gamma Z_{it}（exp\_gov，credit\_pri）+\mu_i+\varepsilon_{it}$$

$$(4-4)$$

其中，debt 表示门槛变量，λ_1，λ_2 代表待估计的门槛值，I（·）代表示性函数。如果（·）中的式子成立，I 取值为 1；反之，取 0。

三、公债的消费效应实证分析

（一）数据来源与变量说明

由于变量数据获取的限制，这里选取 82 个国家 2004～2019 年的面板数据作为样本。[①] 样本包括 24 个发达国家，分别为澳大利亚、奥地利、比利时、塞浦路斯、丹麦、芬兰、法国、德国、希腊、冰岛、爱尔兰、以色列、意大利、日本、韩国、荷兰、挪威、葡萄牙、新加坡、西班牙、瑞典、瑞士、英国、美国；37 个发展中国家，分别为阿尔及利亚、巴哈马群岛、孟加拉国、伯利兹、贝宁、博茨瓦纳、布吉纳法索、布隆迪、喀麦隆、乍得、科摩罗、刚果民主共和国、多米尼加、加蓬、冈比亚、危地马拉、洪都拉斯、伊朗、牙买加、马达加斯加、马拉维、马里、毛里求斯、摩洛哥、厄瓜多尔、尼泊尔、尼日尔、阿曼、巴基斯坦、巴拿马、卢旺达、塞内加尔、塞拉利昂、多哥、特立尼达和多巴哥、突尼斯、乌干达；21 个新兴市场国家，分别为阿根廷、玻利维亚、巴西、智利、中国、哥伦比亚、埃及、赤道几内亚、加纳、印度、肯尼亚、马来西亚、

---

① 个体的变量数据如果缺失比较多则做删除处理，如果缺失比较少的数据则做插值和多重补漏处理。

墨西哥、尼日利亚、秘鲁、菲律宾、南非、斯里兰卡、泰国、土耳其、乌拉圭。
变量说明及数据来源如表 4-1 所示。

表 4-1　变量说明及数据来源

变量缩写	变量含义	主要数据来源
exp_pri	人均家庭最终消费支出（2010 年不变价美元）	WDI 数据库
gdp_cap	人均实际 GDP（2010 年不变价美元）	WDI 数据库
wealth	人均资本，用人均资本形成总额作为代理变量（2010 年不变价美元）	WDI 数据库
debt	公债占 GDP 的比重（%）	HPPD 数据库
exp_gov	人均政府消费支出（2010 年不变价美元）	WDI 数据库
credi_pri	金融自由化程度（%）。用提供给私营部门的信贷占 GDP 的比重作为代理变量。提供给私人部门的信贷是指金融公司向私营部门提供的金融资源，如贷款、购买非股权证券、贸易信贷和其他应收账款等确立偿还要求的方式	WDI 数据库
pop_g	人口增长率（%）	WDI 数据库

除比值变量外，其他实际变量数据均进行了取对数并差分处理。本章主要
变量的统计特征如表 4-2 至表 4-5 所示。

表 4-2　全样本变量的描述性统计

变量	观测值	均值	标准差	最小值	最大值
Δlnexp_pri	1230	0.02	0.06	-0.97	0.46
Δlngdp_cap	1230	0.02	0.03	-0.25	0.27
Δlnwealth	1230	0.03	0.14	-0.78	1.20
debt	1230	57.98	37.20	3.90	242.10
Δlnexp_gov	1230	0.03	0.11	-0.84	1.87
credit_pri	1230	62.61	53.54	0.49	312.12
pop_g	1230	1.62	1.09	-1.85	6.88

表 4-3　发展中国家变量的描述性统计

变量	观测值	均值	标准差	最小值	最大值
Δlnexp_pri	360	0.01	0.02	-0.15	0.10

续表

变量	观测值	均值	标准差	最小值	最大值
Δlngdp_cap	360	0.01	0.03	−0.09	0.22
Δlnwealth	360	0.01	0.10	−0.68	0.41
debt	360	75.30	41.65	9.70	242.10
Δlnexp_gov	360	0.01	0.02	−0.09	0.11
credit_pri	360	123.91	44.12	47.45	312.12
pop_g	360	0.75	0.74	−1.85	5.32

表4-4 新兴市场国家变量的描述性统计

变量	观测值	均值	标准差	最小值	最大值
Δlnexp_pri	315	0.03	0.05	−0.24	0.29
Δlngdp_cap	315	0.03	0.03	−0.13	0.27
Δlnwealth	315	0.05	0.13	−0.48	0.44
debt	315	49.85	23.66	3.90	165.00
Δlnexp_gov	315	0.04	0.12	−0.30	1.87
credit_pri	315	52.88	39.95	9.68	160.12
pop_g	315	1.37	0.69	−0.06	2.75

表4-5 发达国家变量的描述性统计

变量	观测值	均值	标准差	最小值	最大值
Δlnexp_pri	555	0.02	0.07	−0.97	0.46
Δlngdp_cap	555	0.02	0.04	−0.25	0.25
Δlnwealth	555	0.04	0.16	−0.78	1.20
debt	555	51.35	36.78	4.70	214.20
Δlnexp_gov	555	0.03	0.13	−0.84	1.06
credit_pri	555	28.37	22.87	0.49	106.31
pop_g	555	2.33	0.99	0.07	6.88

从我们选取的数据来看，发展中国家、新兴市场国家和发达国家的各经济变量均表现出一定的差异：发展中国家、新兴市场国家和发达国家的家庭最终消费支出对数差分均值分别为0.01、0.03和0.02，相差较大。对于其他变量，

三种类型的国家异质性也较明显，在此不再赘述，请读者自行分析。

（二）单位根检验

为防止伪回归问题的出现，本书采用 LLC 检验、IPS 检验、Fisher 检验和 Breitung 检验来对面板数据进行平稳性检验。这四种检验的原假设为存在单位根，LLC 检验和 Breitung 检验的备择假设为所有截面对应的序列均是平稳的；IPS 检验、Fisher 检验的备择假设为至少有一个截面对应的序列是平稳的。根据表 4-6 面板数据平稳性检验的结果可以看出，实证分析所用的各变量均表现出良好的平稳性，因此，在此基础上的回归是可靠的，可以防止伪回归问题的出现。

表 4-6　面板数据的单位根检验

变量	LLC t 统计量	IPS t 统计量	Fisher chi2 统计量	Breitung lambda 统计量	结论
Δlnexp_pri	−10.7388 （0）	−11.5973 （0）	852.7199 （0）	−12.0158 （0）	平稳
Δlngdp_cap	−11.1654 （0）	−11.5608 （0）	704.3768 （0）	−10.7488 （0）	平稳
Δlnwealth	−13.2923 （0）	−13.8000 （0）	921.3222 （0）	−14.3015 （0）	平稳
debt	−9.9189 （0）	−2.9334 （0.0017）	222.1085 （0.0017）	−1.9401 （0.0262）	平稳
Δlnexp_gov	−10.0760 （0）	−12.2690 （0）	791.3105 （0）	−9.8811 （0）	平稳
credit_pri	−5.4559 （0）	−3.1129 （0.0009）	198.8544 （0.0329）	−3.3979 （0.0003）	平稳
pop_g	−20.7871 （0）	−10.2238 （0）	1308.5544 （0）	−3.6483 （0.0001）	平稳

注：括号中的数为 P 值。LLC、IPS、Fisher 和 Breitung 检验分别代表面板单位根检验方法；credit_pri、debt、pop_g 取 Lag（1）并 Demean 处理。

（三）公债的消费效应实证分析结果

1. 基本模型回归结果

为了衡量公债对家庭最终消费支出的影响，我们首先采用混合 OLS、固定效应以及随机效应模型对模型（4-2）进行回归。表 4-7 至表 4-10 为公债的消费效应回归估计结果，结果显示公债对家庭最终消费支出的影响在不同样本间差异很大。从全样本回归结果来看，无论是采用混合 OLS 模型回归还是固定效应以及随机效应模型回归，公债的回归系数均在 10% 的水平上显著为负，而且三种方法得到的回归系数值基本相同。这说明从全样本来看，公债对家庭最终消费支出的影响是负的。但是对处于不同经济发展阶段的经济体来说，三者间存在较大的差异。从发展中国家的回归结果来看，只有采用混合 OLS 回归的结果显示公债对家庭最终消费支出的影响在 5% 的水平上是显著为负，而采用固定效应和随机效应的回归结果均显示公债对家庭最终消费支出的影响不显著。OLS、固定效应和随机效应三个模型的检验显示，应该选择混合效应回归模型，说明发展中国家所有个体拥有相同的回归方程。因此，我们可以认为在发展中国家公债对家庭最终消费支出的影响在 5% 的水平上显著为负。从新兴市场国家的回归结果来看，无论是采用混合 OLS 回归、固定效应以及随机效应回归，公债的回归系数都是非显著的，这说明在新兴市场国家公债对家庭最终消费支出的影响不显著，公债总体上既没有挤入消费也没有挤出消费。混合 OLS、固定效应和随机效应三个模型的检验显示，应该选择混合 OLS 回归模型。从发达国家的回归结果来看，无论是采用混合 OLS 回归、固定效应以及随机效应回归，公债的回归系数均在 10% 的水平上显著为负，这说明在发达国家公债对家庭最终消费支出的影响是负的，公债总体上挤出了家庭最终消费支出。混合 OLS、固定效应和随机效应三个模型的检验显示，应该选择固定效应回归模型。

表 4-7　全样本的回归结果

解释变量	混合 OLS 回归	固定效应回归	随机效应回归
常数项	0.01006 ***	0.02057 **	0.01006 ***
	(3.12)	(2.36)	(3.04)
$\Delta lngdp$	0.75461 ***	0.71128 ***	0.75461 ***
	(9.77)	(12.40)	(15.17)
$\Delta lnwealth$	0.02448	0.02428 **	0.02448 **
	(1.19)	(1.99)	(2.07)
debt	-0.00010 ***	-0.00011 *	-0.00010 ***
	(-3.62)	(-1.69)	(-2.61)
$\Delta lnexp\_gov$	-0.08765	-0.08350 ***	-0.08765 ***
	(-1.30)	(-5.73)	(-6.30)

续表

解释变量	混合 OLS 回归	固定效应回归	随机效应回归
Δlncredit_pri	0.00001	-0.00013	0.00001
	(0.62)	(-1.18)	(0.45)
观测值	1230	1230	1230
国家数	82	82	82
F 统计量	53.73	51.17	—
组内 R^2	0.2292	0.2122	0.2292

F 检验：所有 u_i=0（混合效应还是固定效应）P 值=0.9410

Hausman 检验：u_i 与 x_{it}、z_i 不相关（随机效应还是固定效应）P 值=0.5662

Breusch 和 Pagan 拉格朗日乘数检验：Var（u）=0（混合效应还是随机效应）P 值=1.0000

注：括号内数字为 t 值，***、**、* 分别代表 1%、5%、10% 的显著性水平。

表 4-8　发展中国家的回归结果

解释变量	混合 OLS 回归	固定效应回归	随机效应回归
常数项	0.01192**	0.03597**	0.01192*
	(2.29)	(2.35)	(1.79)
Δlngdp	0.70327***	0.64914***	0.70327***
	(8.25)	(6.66)	(8.10)
Δlnwealth	0.02674	0.02615	0.02674
	(0.70)	(1.35)	(1.41)
debt	-0.00012**	-0.00010	-0.00012
	(-2.49)	(-0.89)	(-1.53)
Δlnexp_gov	-0.10557	-0.10514***	-0.10557***
	(-1.05)	(-4.47)	(-4.69)
Δlncredit_pri	0.00003	-0.00082*	0.00003
	(0.27)	(-1.87)	(0.23)
观测值	555	555	555
国家数	37	37	37
F 统计量	22.13	16.30	—
组内 R^2	0.1636	0.1071	0.1636

F 检验：所有 u_i=0（混合效应还是固定效应）P 值=0.8655

Hausman 检验：u_i 与 x_{it}、z_i 不相关（随机效应还是固定效应）P 值=0.3601

Breusch 和 Pagan 拉格朗日乘数检验：Var（u）=0（混合效应还是随机效应）P 值=1.0000

注：括号内数字为 t 值，***、**、* 分别代表 1%、5%、10% 的显著性水平。

表 4-9　新兴市场国家的回归结果

解释变量	混合 OLS 回归	固定效应回归	随机效应回归
常数项	−0.00771 (−0.89)	0.00558 (0.34)	−0.00771 (−0.99)
Δlngdp	1.00762 *** (17.27)	1.01575 *** (8.13)	1.00762 *** (9.50)
Δlnwealth	0.00336 (0.11)	0.00343 (0.13)	0.00336 (0.13)
debt	0.00002 (0.24)	−0.00017 (−0.99)	0.00002 (0.22)
Δlnexp_gov	−0.08980 *** (−3.95)	−0.07604 *** (−2.83)	−0.08980 *** (−3.56)
Δlncredit_pri	0.00013 * (1.82)	0.00005 (0.25)	0.00013 ** (2.14)
样本数 N	315	315	315
国家数	21	21	21
F 统计量	103.42	26.32	—
组内 R^2	0.3670	0.3571	0.3670

F 检验：所有 u_i=0（混合效应还是固定效应）P 值=0.7224

Hausman 检验：u_i 与 x_{it}、z_i 不相关（随机效应还是固定效应）P 值=0.1726

Breusch 和 Pagan 拉格朗日乘数检验：Var（u）=0（混合效应还是随机效应）P 值=1.0000

注：括号内数字为 t 值，*** 、** 、* 分别代表 1% 、5% 、10% 的显著性水平。

表 4-10　发达国家的回归结果

解释变量	混合 OLS 回归	固定效应回归	随机效应回归
常数项	0.00805 * (1.95)	0.02653 *** (3.66)	0.01038 ** (2.53)
Δlngdp	0.37147 *** (3.87)	0.38554 *** (8.41)	0.38445 *** (8.58)
Δlnwealth	0.07955 ** (2.44)	0.07646 *** (6.61)	0.07802 *** (6.78)
debt	−0.00005 * (−1.86)	−0.00019 *** (−3.81)	−0.00007 *** (−2.70)

续表

解释变量	混合 OLS 回归	固定效应回归	随机效应回归
Δlnexp_gov	0.11135 (1.65)	0.07187 (1.61)	0.11189*** (2.75)
Δlncredit_pri	−4.88106 (−0.21)	−0.00006 (−1.58)	−0.00001 (−0.55)
观测值	360	360	360
国家数	24	24	24
F 统计量	66.57	104.79	—
组内 R^2	0.5812	0.5354	0.5801

F 检验：所有 u_i = 0（混合效应还是固定效应）P 值 = 0.0004

Hausman 检验：u_i 与 x_{it}, z_i 不相关（随机效应还是固定效应）P 值 = 0.0117

Breusch 和 Pagan 拉格朗日乘数检验：Var（u）= 0（混合效应还是随机效应）P 值 = 0.0032

注：括号内数字为 t 值，***、**、* 分别代表 1%、5%、10% 的显著性水平。

处于不同经济发展阶段的经济体公债的消费效应存在一定的差异，我们要尽量挖掘出导致这些差异的原因。发展中国家公债对私人消费存在"挤出效应"的原因在于发展中国家可支配收入水平较低，因此当发行公债时，会通过资金来源约束挤出一部分用于当期消费的资金，因此在发展中国家公债综合作用的效果是挤出了家庭最终消费支出。而发达国家公债对家庭最终消费支出存在"挤出效应"的原因在于发达国家的社会保障制度比较完善，储蓄率比较低，当公债发行量较大时必然会引起认购者的资金流动性收到约束，进而也通过资金来源约束降低当期的家庭消费水平。与发展中国家和发达国家不同，在新兴市场国家公债对家庭最终消费支出的影响是不显著的，可能的解释是这些国家经济增长速度较快，能够充分利用公债资金促进经济增长，进而带动家庭最终消费支出增加，因此，总体上新兴经济体国家公债对消费的影响是不显著的。

其他变量的系数基本符合预期。人均实际 GDP 在所有的样本中回归系数均在 1% 的水平上显著为正，说明了经济增长及可支配收入的增加促进了家庭最终消费支出。在所有样本中人均资本存量的回归系数均为正，但是只有在发达国家样本中回归系数在 5% 的水平上是显著的。人均政府消费支出的回归系数差异很大，发展中国家的回归系数为负，但是不显著；新兴市场国家的回归系数在 1% 的水平上显著为负；发达国家的回归系数是为正的，但是不显著。只有在新兴市场国家金融自由度的回归系数在 10% 的水平上显著为正，在其他经济类型国家其回归系数均不显著。

2. 门槛模型回归结果

全样本及各分类样本门槛效应检验结果及门槛值如表 4-11 和表 4-12 所示。从全样本门槛效应检验的结果来看，只有双门槛检验的 P 值为 0.0267，表明在 5% 的显著性水平上通过了双门槛的假设检验。两个门槛估计值分别为83.1 和 77，但是第二个门槛 95% 的置信区间完全在第一个门槛 95% 的置信区间内。我们通过进一步分析发现公债在（77，83.1］区间里的观测值共有 38 个，占总样本的比重不到 4%。同时，我们又把样本数据按照公债规模的大小分三组（debt≤77，77<debt ≤83.1，debt>83.1），分别采用混合 OLS、固定效应和随机效应回归模型进一步验证门槛值是否稳健，通过回归发现均不显著。这说明全样本的双门槛假设检验结果并不是稳健的，我们有理由拒绝双门槛的存在，而单门槛的假设也没有通过 10% 的显著性水平检验。综合来看，从全样本来看，公债对家庭最终消费支出的影响并不存在门槛效应。

表 4-11 门槛效应检验

	门槛	F 值	P 值	1%临界值	5%临界值	10%临界值
全样本	单一门槛	5.95	0.3667	24.6384	12.5356	11.0515
	双门槛	16.05	0.0267	20.6736	12.8292	10.8340
	三门槛	17.19	0.1667	69.0569	35.1355	28.8436
发展中国家	单一门槛	4.04	0.6933	19.1326	12.3029	10.9665
	双门槛	42.11 ***	0.0000	25.2878	18.4579	12.0277
	三门槛	2.19	0.9733	102.7662	55.8848	41.2295
新兴市场国家	单一门槛	39.12 ***	0.0067	28.8194	18.4093	13.0080
	双门槛	23.37 ***	0.0300	31.9476	18.6827	12.5199
	三门槛	17.13	0.1267	64.3286	46.8310	32.0613
发达国家	单一门槛	18.16 **	0.0233	22.1156	16.6001	14.2847
	双门槛	7.48	0.4533	19.4934	15.1180	12.8096
	三门槛	3.98	0.7523	21.2732	14.2245	11.9707

注：P 值与临界值均采用 Bootstrap 反复抽样 300 次获得的结果，***、** 分别代表 1%、5% 的显著性水平。

表 4-12　门槛估计值

	门槛	门槛估计值	95%置信区间
全样本	单一门槛	95.4	[94, 96.2]
	双门槛1	83.1	[82.6, 83.9]
	双门槛2	77	[71.6, 77.6]
	三门槛	81.8	[80.5, 84.7]
发展中国家	单一门槛	83	[82.6, 83.3]
	双门槛1	83	[77, 83.3]
	双门槛2	79.1	[78.1, 85.2]
	三门槛	6.9	[6.3, 7.4]
新兴市场国家	单一门槛	11.8	[11.6, 11.9]
	双门槛1	11.8	[7, 11.9]
	双门槛2	10.6	[9.45, 12.5]
	三门槛	15.2	[14.9, 15.5]
发达国家	单一门槛	89.1	[88.5, 89.2]
	双门槛1	89.1	[88.5, 89.2]
	双门槛2	169.6	[165.4, 177.9]
	三门槛	88	[87.5, 89.5]

从发展中国家的门槛效应检验的结果来看，只有双门槛检验的 P 值为 0，表明在 5% 的显著性水平上通过了双门槛的假设检验，两个门槛估计值分别为 83 和 79.1。我们通过进一步分析发现公债在（79.1，83］区间里的观测值共有 6 个，占发展中国家总样本的比重不到 2%。同时我们又把发展中国家数据按照公债规模的大小分三组（debt≤79.1，79.1<debt≤83，debt>83），分别采用混合 OLS、固定效应和随机效应回归模型进一步验证门槛值是否稳健性，通过回归发现均不显著。这说明全样本的双门槛假设检验结果并不是稳健的，我们有理由拒绝双门槛的存在，而单门槛的假设也没有通过 10% 的显著性水平检验。综合来看，从发展中国家来看，公债对家庭最终消费支出的影响并不存在门槛。

从新兴市场国家门槛效应检验的结果来看，单门槛和双门槛检验的 P 值分别为 0.0067、0.03，表明均在 5% 的显著性水平上通过了假设检验，两个门槛估计值分别为 11.8 和 10.6。我们通过进一步分析发现公债在（10.6，11.8］区间里的观测值共有 3 个，公债在［0，11.8］区间里的观测值只有 10 个，因此样本数太少，这说明新兴市场的单门槛和双门槛的假设检验结果并不是稳健的，我们有理由拒绝门槛的存在。综合来看，我们认为从新兴市场国家来看，公债对家庭最终消费支出的影响并不存在门槛。

从发达国家门槛效应检验的结果来看，单门槛检验的 P 值为 0.0233，表明在 5%的显著性水平上通过了单门槛的假设检验。门槛估计值均为 89.1。我们通过进一步分析发现公债在 [0，89.1] 区间里的观测值共有 252 个，在 [89.1，∞] 区间里的观测值共有 108 个。同时我们又把样本数据按照公债规模的大小分两组（debt≤89.1，debt>89.1），分别采用混合 OLS、固定效应和随机效应回归模型进一步验证门槛值是否稳健，通过回归发现均显著。这说明从发达国家来看，公债对家庭最终消费支出的影响存在门槛，并且公债的回归系数均在 1%的水平上显著为负。从门槛模型回归结果表 4-13 可知，当公债规模低于 89.1 时公债对家庭最终消费支出的回归系数为−0.0004，当公债规模高于 89.1 时公债对家庭最终消费支出的回归系数为−0.00024。

表 4-13　发达国家门槛模型回归结果

解释变量	系数
常数项	0.03815 *** （4.92）
$\Delta \ln gdp$	0.38633 *** （8.59）
$\Delta \ln wealth$	0.07482 *** （6.59）
$\Delta \ln exp\_gov$	0.05635 （1.28）
credit_pri	−0.00008 （−1.97）
debt（debt≤89.1）	−0.00040 *** （−5.39）
debt（89.1<debt）	−0.00024 *** （−4.70）
观测值	360
国家数	24

续表

解释变量	系数
F 统计量	93.10
组内 R^2	0.5336

注：括号内为 t 值，***、**、* 分别代表 1%、5%、10% 的显著性水平。

总而言之，只有发达国家公债对家庭最终消费支出的影响存在门槛效应，而且公债的消费效应在低于门槛值和高于门槛值时均显著为负，只不过在高于门槛值时的负效应减少。主要原因在于发达国家的社会保障制度比较完善，储蓄率比较低，当公债发行量较大时必然会使认购者的资金流动性受到约束，进而降低当期的家庭最终消费支出水平。发达国家的公债规模大于一定的水平后，在一定程度上由于公债资金能通过刺激经济发展来提高家庭的消费支出水平。发达国家的公债规模大于一定的水平后，挤出效应和挤入效应综合作用的结果是仍然是挤出了家庭最终消费支出，但挤出效应有所减少。

第二节　公债的投资效应

一、公债对投资的影响机理

为准确刻画公债对投资的影响机理，构建了一个封闭经济条件下含有家庭、厂商、政府三部分的新凯恩斯 DSGE 模型，经济系统的动态特征由他们的最优化过程来实现。本书假设家庭间存在着差异，把他们分为两种类型：储蓄者和非储蓄者。假设厂商间也存在着差异，把他们分为两种类型：面临完全竞争市场结构的最终产品厂商和面临垄断竞争市场结构的中间产品厂商。政府部门包括制定财税政策的财政当局和制定货币政策的货币当局。

（一）家庭

假定经济系统中的家庭 n 构成一个无限期存活的连续统，n ∈（0，1）上的连续型分布，其中 1−μ 比例的家庭为储蓄者，μ 比例的家庭为非储蓄者；上标 s 表示与储蓄者相关的变量，n 表示与非储蓄者相关的变量。

1. 储蓄者

储蓄者 $j \in [0, 1-\mu]$，各储蓄者间是同质的。其效用由消费商品的数量、闲暇和政府消费性支出决定。

储蓄者的瞬时效用函数具体形式如下：

$$U(C_t, L_t, G_t) = \frac{1}{1-\sigma_c}(C_t^s(j) - H)^{1-\sigma_c} - \frac{\varepsilon_t^l}{1+\sigma_l}L_t^s(j)^{1+\sigma_l} + V(G_t^c) \qquad (4-5)$$

其中，σ_c 为消费者的跨期替代弹性的倒数，σ_l 为劳动供给对实际工资弹性的倒数，$C_t^s(j)$ 为储蓄家庭的实际消费，$L_t^s(j)$ 为储蓄家庭的劳动供给，$V(G_t^c)$ 为政府消费性支出对家庭效用的影响函数，H 为外部习惯变量。

假设外部习惯变量与过去总消费成比例，即 $H = hC_{t-1}^s$。

其中，h 衡量消费中的外部习惯形成程度。

ε_t^l 为劳动供给冲击，服从如下一阶自回归过程：

$$\ln\varepsilon_t^l = \rho_l\ln\varepsilon_{t-1}^l + \eta_t^l \qquad (4-6)$$

其中，$\eta_t^l \sim \text{IIDN}(0, \sigma_l^2)$。

跨期预算约束为：

$$(1+\tau_t^{cs})C_t^s(j) + I_t^s(j) + \Psi(z_t(j))K_{t-1}^s(j) + \frac{B_t^s(j)}{P_t} = (1-\tau_t^l)w_t(j)L_t^s(j) +$$

$$(1-\tau_t^k)r_t^k z_t(j)K_{t-1}^s(j) + TR_t^s(j) + \frac{D_t^s(j)}{P_t} + \frac{R_{t-1}B_{t-1}^s(j)}{P_t} \qquad (4-7)$$

其中，τ_t^{cs}、τ_t^l、τ_t^k 为储蓄者支付的消费支出有效税率、劳动收入有效税率、资本收入有效税率①，$I_t^s(j)$ 为储蓄者的实际私人投资，$K_{t-1}^s(j)$ 为储蓄者滞后一期的资本存量，$B_t^s(j)$ 为储蓄者购买并持有的政府债券，R_t 为政府债券的名义收益率，P_t 为名义价格，$w_t(j)$ 为储蓄者的实际工资，r_t^k 为实际资本收益率，$z_t(j)$ 为储蓄者的资本利用率，$TR_t^s(j)$ 为储蓄者获得的政府转移支付，$D_t^s(j)$ 为储蓄者从厂商分得的利润，$\Psi(z_t(j))$ 是一个单调递增的凸函数，当经济处于稳态时 z 的稳态值为 1，$\Psi(1) = 0$。储蓄者实物资本积累过程如下：

---

① 有效税率，是指纳税人真实负担的有效税率，等于纳税人实际缴纳的税额除以课税对象。在没有税负转嫁的情况下，它等于税收负担率。为了简便，我们称消费支出、劳动收入和资本收入有效税率分别为消费税、劳动税和资本税。

$$K_t^s(j) = (1-\delta) K_{t-1}^s(j) + \left[1 - S\left(\frac{\varepsilon_t^i I_t^s(j)}{I_{t-1}^s(j)} \right) \right] I_t^s(j) \qquad (4-8)$$

其中，δ 为私人资本折旧率，$S(\cdot)$ 为投资调整成本函数，当经济处于稳态时，$S(1) = S'(1) = 0$，$S''(1) > 0$，即当期实物资本投资等于上一期实物资本投资时，当期实物资本投资可以全部转化为当期存量资本（Smets and Wouters，2003）。ε_t^i 为投资冲击，服从如下一阶自回归过程：$\ln\varepsilon_t^i = \rho_i \ln\varepsilon_{t-1}^i + \eta_t^i$，$\eta_t^i \sim IIDN(0, \sigma_i^2)$。

储蓄者具有前瞻性，能够完全进入金融市场，可以通过跨期选择消费、劳动供给、投资、政府债券持有量以期实现家庭效用期望现值的最大化。代表性储蓄者跨期贴现期望效用最大化问题为：

$$\max E_0 \sum_{t=0}^{\infty} \beta^t \varepsilon_t^b \left[\frac{1}{1-\sigma_c} (C_t^s(j) - H)^{1-\sigma_c} - \frac{1}{1+\sigma_l} L_t^s(j)^{1+\sigma_l} + V_{(G_t^c)} \right]$$

$$\begin{cases} (1+\tau_t^{cs}) C_t^s(j) + I_t^s(j) + \Psi(z_t(j)) K_{t-1}^s(j) + \dfrac{B_t^s(j)}{P_t} \\ = (1-\tau_t^l) w_t(j) L_t^s(j) + (1-\tau_t^k) r_t^k z_t(j) K_{t-1}^s(j) + TR_t^s(j) + \dfrac{D_t^s(j)}{P_t} + \dfrac{R_{t-1} B_{t-1}^s(j)}{P_t} \quad (4-9) \\ K_t^s(j) = (1-\delta) K_{t-1}^s(j) + \left[1 - S\left(\dfrac{u_t^i I_t^s(j)}{I_{t-1}^s(j)} \right) \right] I_t^s(j) \end{cases}$$

其中，β 为效用贴现因子，ε_t^b 为消费偏好冲击。其遵循如下过程：$\ln\varepsilon_t^b = \rho_b \ln\varepsilon_{t-1}^b + \eta_t^b$，$\eta_t^b \sim IIDN(0, \sigma_b^2)$。

通过构建拉格朗日函数求偏导，得到储蓄者跨期贴现期望效用最大化的一阶条件如下：

$$(1+\tau_t^{cs}) \Lambda_t = \varepsilon_t^b (C_t^s(j) - hC_{t-1}^s)^{-\sigma_c} \qquad (4-10)$$

$$\beta R_t E_t \left[\frac{\Lambda_{t+1}}{\Lambda_t} \frac{P_t}{P_{t+1}} \right] = 1 \qquad (4-11)$$

$$q_t \left[1 - S\left(\frac{\varepsilon_t^i I_t^s(j)}{I_{t-1}^s(j)} \right) \right] - q_t S'\left(\frac{\varepsilon_t^i I_t^s(j)}{I_{t-1}^s(j)} \right) \frac{\varepsilon_t^i I_t^s(j)}{I_{t-1}^s(j)} =$$

$$-\beta E_t \left[\frac{\Lambda_{t+1}}{\Lambda_t} q_{t+1} S'\left(\frac{\varepsilon_{t+1}^i I_{t+1}^s(j)}{I_t^s(j)} \right) \left(\frac{I_{t+1}^s(j)}{I_t^s(j)} \right)^2 \varepsilon_t^i \right] + 1 \qquad (4-12)$$

$$q_t = \beta E_t \left[\frac{\Lambda_{t+1}}{\Lambda_t} ((1-\delta) q_{t+1} + (1-\tau_{t+1}^k) r_{t+1}^k z_{t+1}(j) - \psi(z_{t+1}(j))) \right] \qquad (4-13)$$

$$(1-\tau_t^k)r_t^k = \Psi'(z_t(j)) \tag{4-14}$$

其中，Λ_t 为对应预算约束式（4-7）的拉格朗日乘子，$\Lambda_t q_t$ 为对应预算约束式（4-8）的拉格朗日乘子，q_t 代表一单位额外资本的影子价格，当经济处于稳态时有 $\bar{R} = \dfrac{1}{\beta} = 1-\lambda + (1-\bar{\tau}^k)\ \bar{r}^k$，可推出 $\bar{r}^k = \dfrac{\dfrac{1}{\beta}-1+\lambda}{1-\bar{\tau}^k}$，$\bar{q}=1$。

2. 非储蓄者

经济系统中还存在着非储蓄者，各非储蓄者间是同质的，$i \in [1-\mu, 1]$。非储蓄者与储蓄者具有相同偏好，但它们无法进行资源的跨期替代，每期消费只能依赖于当期的劳动税后所得。当工资收入波动时，它们无法进行消费路径的平滑，当利率变动时，它们无法进行跨期替代。

代表性非储蓄者的预算约束条件为：

$$(1+\tau_t^{cn})C_t^n(i) = (1-\tau_t^l)w_t(i)L_t^n(i) + TR_t^n(i) \tag{4-15}$$

其中，τ_t^{cn} 为非储蓄者的消费税，$C_t^n(i)$ 为非储蓄者的消费，$w_t(i)$ 为非储蓄者的实际工资，$L_t^n(i)$ 为非储蓄者提供的劳动，$TR_t^n(i)$ 为政府对非储蓄者的转移支付。

假设非储蓄者和储蓄者在劳动力市场上面临着相同的劳动需求，具有相同的偏好，因此两类消费者具有相同的工资水平和劳动投入，即有 $w_t^s(j) = w_t^n(i) = w_t(n)$，$L_t^s(j) = L_t^n(i) = L_t(n) \equiv L_t$。

3. 工资设定方程和劳动供给

家庭将差异化的劳动提供给完全竞争的劳动加总厂商，劳动加总厂商将这些差异化的劳动组合成一种单一的有效劳动后再提供给中间品生产厂商。劳动加总厂商采用不变替代弹性的加总技术，定义 L_t 为 t 时期提供给中间产品厂商的有效劳动，则有：

$$L_t = \left[\int_0^1 L_t(n)^{\frac{1}{1+\lambda_{w,t}}} d_n\right]^{1+\lambda_{w,t}} \tag{4-16}$$

其中，$\lambda_{w,t}$ 为劳动力市场的垄断程度。$\lambda_{w,t} = \lambda_w + \eta_t^w$，$\eta_t^w$ 为外生的工资加成冲击，$\eta_t^w \sim IIDN(0, \sigma_w^2)$。$\lambda_w$ 表示稳态时劳动力市场的垄断程度。

完全竞争市场中劳动加总企业实现利润最大化的目标函数表示为：

$$\max_{l_t(n)} W_t\left[\int_0^1 L_t(n)^{\frac{1}{1+\lambda_{w,t}}} d_n\right]^{1+\lambda_{w,t}} - \int_0^1 W_t(n)L_t(n)d_n \tag{4-17}$$

其中，W_t 为名义工资指数，$W_t = w_t P_t$。

将其与式（4-16）结合，我们推出劳动需求曲线为：

$$L_t(n) = L_t^d \left(\frac{W_t(n)}{W_t} \right)^{-\frac{1+\lambda_{w,t}}{\lambda_{w,t}}}$$

(4-18)

其中，L_t^d 为对组合劳动的总需求，$\frac{1+\lambda_{w,t}}{\lambda_{w,t}}$ 为不同劳动投入的替代弹性。

由于家庭是劳动力的垄断供给者，所以家庭是劳动力市场上的价格制定者。假定家庭采用 Calvo（1983）的工资设定方式：每一期有（$1-\xi_w$）比例的储蓄者被随机选中可以最优地设定其工资水平，剩下的不能最优化设定其工资的家庭则按照部分指数化过去的通货膨胀来设定工资，即：

$$W_t^s(j) = \frac{P_{t-1}}{P_{t-2}}^{K_w} W_{t-1}^s(j)$$

(4-19)

其中，K_w 为代表工资的指数化程度，当 $K_w = 0$ 时，表示工资不进行指数化，工资将不被重新最优化制定而是保持为常数；当 $K_w = 1$ 时，表示工资由通货膨胀进行完全指数化的设定。

在预算约束和劳动需求条件下，储蓄者最优化工资设定问题可以表述为以下最优化问题：

$$\max_{W^*(J)} E_t (\beta \xi_W)^m \varepsilon_{t+m}^b \left[\begin{array}{c} \frac{1}{1-\sigma_c} (C_{t+m}^s(j) - hC_{t+m-1}^s)^{1-\sigma_c} - \frac{\varepsilon_{t+m}^l}{1+\sigma_l} \\ \left(\left(\frac{W_{t+m}^{s*}(j)}{W_{t+m}} \right)^{\frac{-1-\lambda_{w,t+m}}{\lambda_{w,t+m}}} L_{t+m}(j) \right)^{1+\sigma_l} \end{array} \right]$$

$$\begin{cases} (1+\tau_{t+m}^{cs}) C_{t+m}^s(j) + I_{t+m}^s(j) + \Psi(z_{t+m}(j)) K_{t+m-1}^s(j) + \frac{B_{t+m}^s(j)}{R_{t+m}P_{t+m}} = \\ (1-\tau_{t+m}^i) \frac{W_t^{s*}(j)}{P_{t+m}} \left(\frac{W_t^{s*}(j)}{P_{t+m}} \right)^{-\frac{1+\lambda_{w,t+m}}{\lambda_{w,t+m}}} L_{t+m}^d + (1-\tau_{t+m}^k) r_{t+m}^k z_{t+m}(j) + \\ \frac{D_{t+m}^s(j)}{P_{t+m}} + \frac{B_{t+m-1}^s(j)}{P_{t+m}} + TR_{t+m}^s(j) L_{t+m}(j) = L_{t+m}^d \left(\frac{W_{t+m}(j)}{W_{t+m}} \right)^{-\frac{1+\lambda_{w,t+m}}{\lambda_{w,t+m}}} \end{cases}$$

(4-20)

由于我们假定 $w_t^s(j) = w_t^n(i) = w_t(n)$，名义工资指数可表示为：

$$W_t = \left[(1-\xi_w)(W_t^*(n))^{-\frac{1}{\lambda_{w,t}}} + \xi_w \pi_{t-1} W_{t-1}(n)^{-\frac{1}{\lambda_{w,t}}} \right]^{-\lambda_{w,t}}$$

(4-21)

其中，$w_t^*(i) = w_t^{s*}(n)$。

（二）厂商

参照 Smets 和 Wouters（2003）的研究，假定经济体系中存在最终产品厂商和中间产品厂商。

1. 最终产品厂商

最终产品厂商（Y_t）以中间产品厂商（$y_t(f)$，$f \in [0, 1]$）生产的产品作为投入要素进行生产，且在完全竞争规则下进行决策。其生产函数为：

$$Y_t = \left[\int_0^1 y_t(f)^{\frac{1}{1+\lambda_{p,t}}} df \right]^{1+\lambda_{p,t}} \tag{4-22}$$

其中，$\lambda_{p,t}$ 为中间产品的替代弹性，$\lambda_{p,t} = \lambda_p + \eta_t^p$，其中，$\eta_t^p$ 为价格加成冲击。

由于最终产品厂商是完全竞争的，最终厂商利润最大化问题可以表示为：

$$\max = P_t Y_t - \int_0^1 p_t(f) y_t(f) df \tag{4-23}$$

其中，$p_t(f)$ 为中间产品 $y_t(f)$ 的价格。将其与式（4-22）结合，可以推出中间产品厂商的需求函数为：

$$y_t(f) = \left(\frac{p_t(f)}{P_t} \right)^{-\frac{1+\lambda_{p,t}}{\lambda_{p,t}}} Y_t \tag{4-24}$$

最终品厂商在完全竞争市场条件下进行行为决策，其获得的经济利润为 0。即有：

$$P_t Y_t - \int_0^1 p_t(f) y_t(f) df = 0 \tag{4-25}$$

由式（4-24）和式（4-25）可推出最终产品价格为：

$$P_t = \left[\int_0^1 P_t(f)^{-\frac{1}{\lambda_{p,t}}} df \right]^{-\lambda_{p,t}} \tag{4-26}$$

2. 中间产品厂商

中间产品厂商在采用一定的市场技术条件下利用资本和劳动等生产要素进行生产。它们在资本市场上向家庭租借资本并支付租金，在劳动力市场上向家庭购买劳动并支付工资。假定中间产品厂商的生产函数如下：

$$y_t(f) = \varepsilon_t^a (z_t k_{t-1}(f))^\alpha l_t(f)^{1-\alpha} (K_{t-1}^g)^\eta - \Phi \tag{4-27}$$

其中，$k_{t-1}(f)$ 为物质资本存量，$l_{t-1}(f)$ 为加总劳动中介打包合成的有效劳动投入，α 为私人资本的产出弹性系数，K_{t-1}^g 为公共资本存量，η 为公共资本的产出弹性系数，Φ 为固定成本。ε_t^a 为技术冲击，服从如下一阶自回归过程：

$$\ln\varepsilon_t^a = \rho_a \ln\varepsilon_{t-1}^a + \eta_t^a \qquad (4-28)$$

其中，$\eta_t^a \sim \text{IIDN}\ (0,\ \sigma_a^2)$。

把实际资本成本和实际工资作为给定值，中间产品厂商基于成本最小化来确定要素的需要量。此最优化问题为：

$$\min_{l_t(f)k_t(f)} w_t l_t(f) + r_t^k k_t(f)$$

$$\text{s. t.}\quad y_t(f) = \varepsilon_t^a (z_t k_{t-1}(f))^\alpha l_t(f)^{1-\alpha} (K_{t-1}^g)^\eta - \Phi \qquad (4-29)$$

通过构建拉格朗日函数，可进一步推出中间产品厂商的边际成本和劳动需求函数：

$$mc_t = \frac{w_t^{1-\alpha} (r_t^k)^\alpha}{\varepsilon_t^a \alpha^\alpha (1-\alpha)^{1-\alpha} (K_{t-1}^g)^\eta} \qquad (4-30)$$

$$l_t(f) = \frac{1-\alpha}{\alpha} \frac{r_t^k}{w_t} z_t k_{t-1}(f) \qquad (4-31)$$

可以进一步得出总的劳动需求函数为：

$$L_t = \frac{1-\alpha}{\alpha} \frac{r_t^k}{w_t} z_t K_{t-1} \qquad (4-32)$$

处于垄断竞争的中间产品厂商每一期有 ξ_P 的概率不能根据利润最大化的原则进行定价，每一期有 $(1-\xi_P)$ 的概率可以重新进行定价。定价的原则为：

$$p_t(f) = \pi_{t-1}^{k_p} p_{t-1}(f) \qquad (4-33)$$

能够最优化重新定价的中间产品厂商选择他们的价格以最大化贴现后的预期未来实际利润，中间品生产企业的最优价格选择问题可以表示为：

$$\max_{p(f)} E_t (\beta\xi_P)^m \left[(p_{t+m}(f) - p_{t+m} mc_{t+m}) \left(\frac{p_{t+m}(f)}{p_{t+m}} \right)^{-\frac{1+\lambda_{p,t+m}}{\lambda_{p,t+m}}} Y_{t+m} - P_{t+m} mc_{t+m} \Phi \right]$$

$$\text{s. t.}\quad \left(\frac{p_{t+m}(f)}{p_{t+m}} \right)^{-\frac{1+\lambda_{p,t+m}}{\lambda_{p,t+m}}} Y_{t+m} = \varepsilon_{t+m}^\alpha z_{t+m} k_{t+m-1}(f)^\alpha l_{t+m}(f)^{1-\alpha} (K_{t-1}^g)^\eta - \Phi \qquad (4-34)$$

可推出加总价格的运动方程为：

$$P_t = \left[(1-\xi_p)(p_t^*(f))^{-\frac{1}{\lambda_{p,t}}} + \xi_p \pi_{t-1} p_{t-1}(f)^{-\frac{1}{\lambda_{p,t}}} \right]^{-\lambda_{p,t}} \qquad (4-35)$$

（三）政府

政府支出按照用途可分为政府投资性支出、政府消费性支出和政府转移支付，其中政府投资性支出形成公共资本，影响厂商的生产，政府消费性支出进入储蓄者家庭的效用函数，影响家庭的效用。

公共资本积累的动态方程为：

$$K_t^g = (1-\delta^g) K_{t-1}^g + G_t^i \tag{4-36}$$

其中，K_t^g 为公共资本存量，δ^g 为公共资本折旧系数，G_t^i 为政府投资性支出。

政府在每个时期收集税收收入，发行一期的名义债券来支付利息和政府的各项支出。政府支出的融资来源包括，政府对消费者征收的消费税收入、在劳动力市场征收的劳动税收入、在资本市场征收的资本税收入以及政府当期发行的政府债券。

以消费品为单位的政府预算约束为：

$$G_t^c + G_t^i + TR_t + \frac{R_{t-1}B_{t-1}}{P_t} = \tau_t^c C_t + \tau_t^l w_t L_t + \tau_t^k r_t^k z_t K_{t-1} + \frac{B_t}{P_t} \tag{4-37}$$

其中，τ_t^c 为所有家庭支出的消费税，TR_t 为政府总的转移支付，$\dfrac{R_{t-1}B_{t-1}}{P_t}$ 为公债本息支出，为政府消费税收入，$\tau_t^l w_t L_t$ 为政府劳动税收入，$\tau_t^k r_t^k z_t K_{t-1}$ 为政府资本税收入，$\dfrac{B_t}{P_t}$ 为实际公债收入。

假定政府支出政策遵循如下规则：

$$G_t^c = Y_t^{-\varphi_{gc}} (b_{t-1}/Y_{t-1})^{-\gamma_{gc}} e^{\varepsilon_t^{gc}} \tag{4-38}$$

$$\varepsilon_t^{gc} = \rho_{gc} \varepsilon_{t-1}^{gc} + \eta_t^{gc} \tag{4-39}$$

$$G_t^i = Y_t^{-\varphi_{gi}} (b_{t-1}/Y_{t-1})^{-\gamma_{gi}} e^{\varepsilon_t^{gi}} \tag{4-40}$$

$$\varepsilon_t^{gi} = \rho_{gc} \varepsilon_{t-1}^{gi} + \eta_t^{gi} \tag{4-41}$$

$$TR_t^s = Y_t^{-\varphi_{trs}} (b_{t-1}/Y_{t-1})^{-\gamma_{trs}} e^{\varepsilon_t^{trs}} e^{\varepsilon_t^{tr}} \tag{4-42}$$

$$\varepsilon_t^{trs} = \rho_{trs} \varepsilon_{t-1}^{trs} + \eta_t^{trs} \tag{4-43}$$

$$TR_t^n = Y_t^{-\varphi_{trn}} (b_{t-1}/Y_{t-1})^{-\gamma_{trn}} e^{\varepsilon_t^{trn}} e^{\varepsilon_t^{tr}} \tag{4-44}$$

$$\varepsilon_t^{trn} = \rho_{trn} \varepsilon_{t-1}^{trn} + \eta_t^{trn} \tag{4-45}$$

$$\varepsilon_t^{tr} = \rho_{tr} \varepsilon_{t-1}^{tr} + \eta_t^{tr} \tag{4-46}$$

其中，φ_{gc}、φ_{gi}、φ_{trs}、φ_{trn} 分别为政府消费性支出、投资性支出、政府对储蓄者的转移支付和政府对非储蓄者的转移支付对产出的反应系数，γ_{gc}、γ_{gi}、$\varphi\gamma_{trs}$、γ_{trn} 分别为政府消费性支出、投资性支出、政府对储蓄者的转移支付和政府对非储蓄者的转移支付对上一期公债规模的反应系数，ε_t^{gc}、ε_t^{gi}、ε_t^{trs}、ε_t^{trn}、ε_t^{tr} 分别为政府消费性支出、投资性支出、政府对储蓄者的转移支付、政府对非储蓄者的转移支付和政府总转移支付的冲击，ρ_{gc}、ρ_{gi}、ρ_{trs}、ρ_{trn} 分别为政府消费性支出、投资性支出、政府对储蓄者的转移支付和政府对非储蓄者的转移支付冲击的持续性系数，η_t^{gc}、η_t^{gi}、η_t^{trs} 和 η_t^{trn} 分别为都服从均值为零的正态独立同分布。$\eta_t^x \sim IIDN\,(0, \sigma_x^2)$，x = $\{gc, gi, trs, trn, tr\}$。$b_t = B_t/P_t$ 为实际政府公债，$s_t^b = b_t/Y_t$ 为政府公债规模。

假定政府收入的税收政策遵循以下规则：

$$\tau_t^{cs} = Y_t^{\varphi_{\tau cs}}\,(b_{t-1}/Y_{t-1})^{\gamma_{\tau cs}} e^{\varepsilon_t^{\tau cs}} e^{\varepsilon^\pi} \qquad (4-47)$$

$$\varepsilon_t^{\tau cs} = \rho_{\tau cs}\varepsilon_{t-1}^{\tau cs} + \eta_t^{\tau cs} \qquad (4-48)$$

$$\tau_t^{cn} = Y_t^{\varphi_{\tau cn}}\,(b_{t-1}/Y_{t-1})^{\gamma_{\tau cn}} e^{\varepsilon_t^{\tau cn}} e^{\varepsilon_t^{\tau c}} \qquad (4-49)$$

$$\varepsilon_t^{\tau cn} = \rho_{\tau cs}\varepsilon_{t-1}^{\tau cn} + \eta_t^{\tau cn} \qquad (4-50)$$

$$\varepsilon_t^{\tau c} = \rho_{\tau c}\varepsilon_{t-1}^{\tau c} + \eta_t^{\tau c} \qquad (4-51)$$

$$\tau_t^l = Y_t^{\varphi_{\tau l}}\,(b_{t-1}/Y_{t-1})^{\gamma_{\tau l}} e^{\varepsilon_t^{\tau l}} \qquad (4-52)$$

$$\varepsilon_t^{\tau l} = \rho_{\tau l}\varepsilon_{t-1}^{\tau l} + \eta_t^{\tau l} \qquad (4-53)$$

$$\tau_t^k = Y_t^{\varphi_{\tau k}}\,(b_{t-1}/Y_{t-1})^{\gamma_{\tau k}} e^{\varepsilon_t^{\tau k}} \qquad (4-54)$$

$$\varepsilon_t^{\tau k} = \rho_{\tau k}\varepsilon_{t-1}^{\tau k} + \eta_t^{\tau k} \qquad (4-55)$$

其中，$\varphi_{\tau cs}$、$\varphi_{\tau cn}$、$\varphi_{\tau l}$、$\varphi_{\tau k}$ 分别为储蓄者消费税、非储蓄者消费税、劳动税、资本税对产出的反应系数，$\gamma_{\tau cs}$、$\gamma_{\tau cn}$、$\gamma_{\tau l}$、$\gamma_{\tau k}$ 分别为储蓄者消费税、非储蓄者消费税、劳动税、资本税对上一期公债规模的反应系数，$\varepsilon_t^{\tau cs}$、$\varepsilon_t^{\tau cn}$、$\varepsilon_t^{\tau c}$、$\varepsilon_t^{\tau l}$、$\varepsilon_t^{\tau k}$ 分别为储蓄者消费税、非储蓄者消费税、总消费税、劳动税、资本税的冲击，$\rho_{\tau cs}$、$\rho_{\tau cn}$、$\rho_{\tau c}$、$\rho_{\tau l}$、$\rho_{\tau k}$ 分别为储蓄者消费税、非储蓄者消费税、劳动税、资本税的冲击的持续性系数，$\eta_t^{\tau cs}$、$\eta_t^{\tau cn}$、$\eta_t^{\tau c}$、$\eta_t^{\tau l}$ 和 $\eta_t^{\tau k}$ 为服从均值为零的正态独立同分布。$\eta_t^y \sim IIDN\,(0, \sigma_y^2)$，y = $\{\tau cs, \tau cn, \tau c, \tau l, \tau k\}$。

假设货币政策遵循泰勒规则，则有：

$$\hat{R}_t = \rho_R\hat{R}_{t-1} + (1-\rho_R)(\rho_{R\pi}\hat{\pi}_t + \rho_{Ry}\hat{Y}_t) + \eta_t^R \qquad (4-56)$$

其中，$\hat{R}_t$ 为名义利率，ρ_R 为名义利率对滞后一期的名义利率的反应系数，$\rho_{R\pi}$ 为名义利率对通货膨胀缺口的反应系数，ρ_{Ry} 为名义利率对产出缺口的反应系数，$\hat{\pi}_t$ 为通货膨胀缺口，$\hat{Y}_t$ 为产出缺口，η_t^R 为名义利率冲击，$\eta_t^R \sim IIDN$

$(0, \sigma_R^2)$。

（四）加总与市场出清

由于假定所有家庭在劳动力市场上面临同样的劳动需求，因而每个家庭提供等量的劳动，加总后的劳动投入满足 $L_t = L_t^s (j) = L_t^n (i)$。

由于家庭分为储蓄者家庭和非储蓄者家庭，因此经济系统中的总量为每类家庭对应变量的加权平均，可以得出：

$$C_t = (1-\mu) C_t^s + \mu C_t^n \tag{4-57}$$

$$TR_t = (1-\mu) TR_t^s + \mu TR_t^n \tag{4-58}$$

$$\tau_t^c = (1-\mu) \tau_t^{cs} + \mu \tau_t^{cn} \tag{4-59}$$

由于前面假定只有储蓄者拥有资本，他们能进行投资、购买政府债券，可以得出：

$$I_t = (1-\mu) I_t^s \tag{4-60}$$

$$B_t = (1-\mu) B_t^s \tag{4-61}$$

$$K_{t-1} = (1-\mu) K_{t-1}^s \tag{4-62}$$

市场均衡时，有总需求等于总供给，因此：

$$Y_t = \varepsilon_t^\alpha (z_t K_{t-1})^\alpha L_t^{1-\alpha} (K_{t-1}^g)^\eta - \Phi \tag{4-63}$$

$$Y_t = C_t + I_t + G_t^c + G_t^i + \psi(z_t) K_{t-1} \tag{4-64}$$

（五）外生冲击

基准模型考虑了非政策性外生冲击和政策性外生冲击，其中非政策性外生冲击包括：劳动供给冲击 ε_t^l、投资冲击 ε_t^i、消费偏好冲击 ε_t^b、技术冲击 ε_t^a、工资加成冲击 η_t^w、价格加成冲击 η_t^p；政策性外生冲击包括：政府消费性支出 ε_t^{gc}、投资性支出 ε_t^{gi}、政府对储蓄者的转移支付 ε_t^{trs}、政府对非储蓄者的转移支付 ε_t^{trn} 和政府总转移支付的冲击 ε_t^{tr}。

储蓄者消费税 $\varepsilon_t^{\tau cs}$、非储蓄者消费税 $\varepsilon_t^{\tau cn}$、总消费税 $\varepsilon_t^{\tau c}$、劳动税 $\varepsilon_t^{\tau l}$、资本税的冲击 $\varepsilon_t^{\tau k}$，名义利率冲击 η_t^R。

（六）系统均衡条件

以上描述了三类经济主体（家庭、厂商和政府）的理性化行为目标及实现目标的约束条件。通过构建拉格朗日函数，获得了各经济主体的动态最优化行为路径，我们将其梳理为经济系统均衡运行的条件。

1. 家庭动态优化行为路径

储蓄者在预算和实物投资约束下实现效用最大化目标的路径条件包括：

（1）储蓄者最优消费：

$$(1+\tau_t^{cs}) \Lambda_t = \varepsilon_t^b (C_t^s(j) - h C_{t-1}^s)^{-\sigma_c} \tag{4-10}$$

（2）家庭最优债券持有：

$$\beta R_t E_t \left[\frac{\Lambda_{t+1}}{\Lambda_t} \frac{P_t}{P_{t+1}} \right] = 1 \tag{4-11}$$

（3）储蓄者最优投资：

$$q_t \left[1 - S \left(\frac{\varepsilon_t^i I_t^s(j)}{I_{t-1}^s(j)} \right) \right] - q_t S' \left(\frac{\varepsilon_t^i I_t^s(j)}{I_{t-1}^s(j)} \right) \frac{\varepsilon_t^i I_t^s(j)}{I_t^s(j)} =$$
$$-\beta E_t \left[\frac{\Lambda_{t+1}}{\Lambda_t} q_{t+1} S' \left(\frac{\varepsilon_{t+1}^i I_{t+1}^s(j)}{I_t^s(j)} \right) \left(\frac{I_{t+1}^s(j)}{I_t^s(j)} \right)^2 \varepsilon_t^i \right] + 1 \tag{4-12}$$

（4）储蓄者最优资本：

$$q_t = \beta E_t \left[\frac{\Lambda_{t+1}}{\Lambda_t} ((1-\delta) q_{t+1} + (1-\tau_{t+1}^k) r_{t+1}^k z_{t+1}(j) - \psi (z_{t+1}(j))) \right] \tag{4-13}$$

（5）储蓄者最优资本利用率：

$$(1-\tau_t^k) r_t^k = \Psi' (z_t(j)) \tag{4-14}$$

（6）储蓄者资本运动过程：

$$K_t^s(j) = (1-\delta) K_{t-1}^s(j) + \left[1 - S \left(\frac{\varepsilon_t^i I_t^s(j)}{I_{t-1}^s(j)} \right) \right] I_t^s(j) \tag{4-8}$$

（7）非储蓄者预算约束：

$$(1+\tau_t^{cn}) C_t^n(i) = (1-\tau_t^l) w_t(i) L_t^n(i) + TR_t^n(i) \tag{4-15}$$

（8）最优工资运动方程：

$$W_t = \left[(1-\xi_w) (W_t^*(n))^{-\frac{1}{\lambda_{w,t}}} + \xi_w \pi_{t-1} W_{t-1}(n)^{-\frac{1}{\lambda_{w,t}}} \right]^{-\lambda_{w,t}} \tag{4-21}$$

2. 厂商动态优化行为路径

在产出一定的条件下，中间产品和最终产品的生产厂商成本最小化的实现路径包括：

（1）中间产品厂商边际成本最小化：

$$mc_t = \frac{w_t^{1-\alpha} (r_t^k)^\alpha}{\varepsilon_t^\alpha \alpha^\alpha (1-\alpha)^{1-\alpha} (K_{t-1}^g)^\eta} \tag{4-30}$$

（2）总的劳动需求函数：

$$L_t = \frac{1-\alpha}{\alpha} \frac{r_t^k}{w_t} z_t K_{t-1} \qquad (4-32)$$

（3）最优价格决定条件：

$$P_t = \left[(1-\xi_p)(p_t^*(f))^{-\frac{1}{\lambda_{p,t}}} + \xi_p \pi_{t-1} p_{t-1}(f)^{-\frac{1}{\lambda_{p,t}}} \right]^{-\lambda_{p,t}} \qquad (4-35)$$

3. 政府行为

（1）公共资本运动条件：

$$K_t^g = (1-\delta^g) K_{t-1}^g + G_t^i \qquad (4-36)$$

（2）政府预算约束：

$$G_t^c + G_t^i + TR_t + \frac{R_{t-1} B_{t-1}}{P_t} = \tau_t^c C_t + \tau_t^l w_t L_t + \tau_t^k r_t^k z_t K_{t-1} + \frac{B_t}{P_t} \qquad (4-37)$$

（3）政府支出和各种税收税率的确定：

$$G_t^c = Y_t^{-\varphi_{gc}} (b_{t-1}/Y_{t-1})^{-\gamma_{gc}} e^{\varepsilon_t^{gc}} \qquad (4-38)$$

$$G_t^i = Y_t^{-\varphi_{gi}} (b_{t-1}/Y_{t-1})^{-\gamma_{gi}} e^{\varepsilon_t^{gi}} \qquad (4-40)$$

$$TR_t^s = Y_t^{-\varphi_{trs}} (b_{t-1}/Y_{t-1})^{-\gamma_{trs}} e^{\varepsilon_t^{trs}} e^{\varepsilon_t^{tr}} \qquad (4-42)$$

$$TR_t^n = Y_t^{-\varphi_{trn}} (b_{t-1}/Y_{t-1})^{-\gamma_{trn}} e^{\varepsilon_t^{trn}} e^{\varepsilon_t^{tr}} \qquad (4-44)$$

$$\tau_t^{cs} = Y_t^{\varphi_{\tau cs}} (b_{t-1}/Y_{t-1})^{\gamma_{\tau cs}} e^{\varepsilon_t^{\tau cs}} e^{\varepsilon_t^{\tau c}} \qquad (4-47)$$

$$\tau_t^{cn} = Y_t^{\varphi_{\tau cn}} (b_{t-1}/Y_{t-1})^{\gamma_{\tau cn}} e^{\varepsilon_t^{\tau cn}} e^{\varepsilon_t^{\tau c}} \qquad (4-49)$$

$$\tau_t^l = Y_t^{\varphi_{\tau l}} (b_{t-1}/Y_{t-1})^{\gamma_{\tau l}} e^{\varepsilon_t^{\tau l}} \qquad (4-52)$$

$$\tau_t^k = Y_t^{\varphi_{\tau k}} (b_{t-1}/Y_{t-1})^{\gamma_{\tau k}} e^{\varepsilon_t^{\tau k}} \qquad (4-54)$$

4. 加总规则和市场出清

（1）消费加总：

$$C_t = (1-\mu) C_t^s + \mu C_t^n \qquad (4-57)$$

（2）转移支付加总：

$$TR_t = (1-\mu) TR_t^s + \mu TR_t^n \qquad (4-58)$$

（3）消费税加总：

$$\tau_t^c = (1-\mu) \tau_t^{cs} + \mu \tau_t^{cn} \qquad (4-59)$$

（4）投资加总：

$$I_t = (1-\mu) I_t^s \qquad (4-60)$$

（5）债券加总：

$$B_t = (1-\mu) B_t^s \qquad (4-61)$$

（6）资本加总：

$$K_{t-1} = (1-\mu) K_{t-1}^s \qquad (4-62)$$

（7）总供给：

$$Y_t = \varepsilon_t^\alpha (z_t K_{t-1})^\alpha L_t^{1-\alpha} (K_{t-1}^g)^\eta - \Phi \qquad (4-63)$$

（8）总需求：

$$Y_t = C_t + I_t + G_t^c + G_t^i + \psi(z_t) K_{t-1} \qquad (4-64)$$

5. 外生政策性冲击

（1）为政府支出和税收收入的冲击过程：

$$\varepsilon_t^{gc} = \rho_{gc} \varepsilon_{t-1}^{gc} + \eta_t^{gc} \qquad (4-39)$$

$$\varepsilon_t^{gi} = \rho_{gc} \varepsilon_{t-1}^{gi} + \eta_t^{gi} \qquad (4-41)$$

$$\varepsilon_t^{trs} = \rho_{trs} \varepsilon_{t-1}^{trs} + \eta_t^{trs} \qquad (4-43)$$

$$\varepsilon_t^{trn} = \rho_{trn} \varepsilon_{t-1}^{trn} + \eta_t^{trn} \qquad (4-45)$$

$$\varepsilon_t^{tr} = \rho_{tr} \varepsilon_{t-1}^{tr} + \eta_t^{tr} \qquad (4-46)$$

$$\varepsilon_t^{\tau cs} = \rho_{\tau cs} \varepsilon_{t-1}^{\tau cs} + \eta_t^{\tau cs} \qquad (4-48)$$

$$\varepsilon_t^{\tau cn} = \rho_{\tau cs} \varepsilon_{t-1}^{\tau cn} + \eta_t^{\tau cn} \qquad (4-50)$$

$$\varepsilon_t^{\tau c} = \rho_{\tau c} \varepsilon_{t-1}^{\tau c} + \eta_t^{\tau c} \qquad (4-51)$$

$$\varepsilon_t^{\tau l} = \rho_{\tau k} \varepsilon_{t-1}^{\tau l} + \eta_t^{\tau l} \qquad (4-53)$$

$$\varepsilon_t^{\tau k} = \rho_{\tau k} \varepsilon_{t-1}^{\tau k} + \eta_t^{\tau k} \qquad (4-55)$$

（2）名义利率冲击：

$$\hat{R}_t = \rho_R \hat{R}_{t-1} + (1-\rho_R)(\rho_{R\pi} \hat{\pi}_t + \rho_{Ry} \hat{Y}_t) + \eta_t^R \qquad (4-56)$$

（3）外生非政策性冲击：

$$\ln \varepsilon_t^l = \rho_l \ln \varepsilon_{t-1}^l + \eta_t^l$$

$$\ln \varepsilon_t^i = \rho_i \ln \varepsilon_{t-1}^i + \eta_t^i$$

$$\ln \varepsilon_t^b = \rho_b \ln \varepsilon_{t-1}^b + \eta_t^b$$

$$\ln \varepsilon_t^a = \rho_a \ln \varepsilon_{t-1}^a + \eta_t^a$$

以上将经济系统均衡运行条件由 44 个方程构成。

（七）对数线性化

经济系统的运行是各参与者共同作用、相互影响的结果。各参与者在一定的约束条件下，进行最优决策实现自身的目标。由于经济系统的均衡条件比较复杂，多为非线性方程，故求解比较难。参考 Blanchard 和 Kahn（1980）的方法，对经济系统均衡条件进行对数线性化处理。我们需要对这些模型中的变量围绕稳态附近进行线性化，用 $\hat{x}_t$ 表示变量的对数形式对其稳态的偏离。

1. 消费行为欧拉方程对数线性化

将式（4-10）和式（4-11）对数线性化后，代入整理为储蓄者消费的欧拉方程：

$$\hat{C}_t^s = \frac{h}{1+h}\hat{C}_{t-1}^s + \frac{1}{1+h}E_t\hat{C}_{t-1}^s - \frac{1-h}{(1+h)\sigma_c}(\hat{R}_t - E_t\hat{\pi}_{t+1})$$

$$-\frac{1-h}{(1+h)\sigma_c}\left(\frac{\bar{\tau}^{cs}}{1+\bar{\tau}}\hat{\tau}_t^{cs} - E_t\frac{\bar{\tau}^{cs}}{1+\bar{\tau}}\hat{\tau}_{t+1}^{cs}\right) + \frac{1-h}{(1+h)\sigma_c}(\hat{\varepsilon}_t^b - E_t\hat{\varepsilon}_{t+1}^b) \quad (4-65)$$

2. 投资行为欧拉方程对数线性化

将式（4-10）和式（4-12）对数线性化后，代入整理为储蓄者投资的欧拉方程：

$$\hat{I}_t^s = \frac{1}{1+\beta}\hat{I}_{t-1}^s + \frac{\beta}{1+\beta}E_t\hat{I}_{t+1}^s + \frac{1}{S''(1)(1+\beta)}\hat{q}_t + \frac{\beta E_t\hat{\varepsilon}_{t+1}^i - \hat{\varepsilon}_t^i}{1+\beta} \quad (4-66)$$

3. 托宾 Q 的运动方程对数线性化

将式（4-10）和式（4-13）对数线性化后，代入整理为托宾 Q 的运动方程：

$$\hat{q}_t = -(\hat{R}_t - \hat{\pi}_{t+1}) + \frac{1-\delta}{1-\delta+(1-\bar{\tau}^k)\bar{r}^k}\hat{q}_{t+1} +$$

$$\frac{(1-\bar{\tau}^k)\bar{r}^k}{1-\lambda+(1-\bar{\tau}^k)\bar{r}^k}\hat{r}_{t+1}^k - \frac{\bar{\tau}^k\bar{r}^k}{1-\lambda+(1-\bar{\tau}^k)\bar{r}^k}\hat{\tau}_{t+1}^k \quad (4-67)$$

4. 储蓄者资本利用率方程对数线性化

$$\hat{z}_t = \psi\left(\hat{r}_t^k - \frac{\bar{\tau}^k}{1-\bar{\tau}^k}\hat{\tau}_t^k\right) \quad (4-68)$$

其中，$\psi = \Psi'(1)/\Psi''(1)$ 表示成本函数中资本利用率调整参数。

5. 储蓄者资本运动过程对数线性化

$$\hat{K}_t^s = (1-\delta)\hat{K}_{t-1}^s + \delta\hat{I}_t^s \quad (4-69)$$

6. 非储蓄者预算约束对数线性化

$$\frac{\bar{C}^n}{\bar{Y}}[\hat{C}_t^n(1+\bar{\tau}^{cn}) + \bar{\tau}^{cn}\hat{\tau}_t^{cn}] = \bar{w}\frac{\bar{L}}{\bar{y}}[(1-\bar{\tau}^l)(\hat{w}_t + \hat{L}_t) - \bar{\tau}^l\hat{\tau}_t^l] \quad (4-70)$$

7. 最优实际工资运动方程对数线性化

$$\hat{w}_t = \frac{\beta}{1+\beta} E_t \hat{w}_{t+1} + \frac{1}{1+\beta} \hat{w}_{t-1} + \frac{\beta}{1+\beta} E_t \hat{\pi}_{t+1} -$$

$$\hat{\pi}_t + \frac{1}{1+\beta} \hat{\pi}_{t-1} - \frac{1}{1+\beta} \frac{(1-\beta\xi_w)(1-\xi_w)}{\left(1+\dfrac{(1+\lambda_w)\sigma_l}{\lambda_w}\right)\xi_w} \times$$

$$\left[\hat{W}_t - \sigma_l \hat{L}_t - \frac{\sigma_c}{1-h}(\hat{C}_t^s - h\hat{C}_{t-1}^s) - \hat{\varepsilon}_t^l - \eta_t^w - \frac{\bar{\tau}^l}{1-\bar{\tau}^l}\hat{\tau}_t^l - \frac{\bar{\tau}^c}{1+\bar{\tau}^c}\hat{\tau}_t^c \right] \tag{4-71}$$

8. 中间产品厂商边际成本最小化对数线性化

$$\widehat{mc} = (1-\alpha)\hat{w}_t + \hat{\alpha}\hat{r}_t^k - \hat{\varepsilon}_t^a \tag{4-72}$$

9. 最优资本投入比对数线性化

$$\hat{L}_t = -\hat{w}_t + \hat{r}_t^k + \hat{z}_t + \hat{K}_{t-1} \tag{4-73}$$

10. 最优价格决定条件对数线性化

$$\hat{\pi}_t = \frac{\beta}{1+\beta} E_t \hat{\pi}_{t+1} + \frac{1}{1+\beta} \hat{\pi}_{t-1} + \frac{1}{1+\beta} \frac{(1-\beta\xi_p)(1-\xi_p)}{\xi_p} [\widehat{mc} + \eta_t^p] \tag{4-74}$$

11. 公共资本运动条件对数线性化

$$\hat{K}_t^g = (1-\lambda^g)\hat{K}_{t-1}^g + \lambda^g \hat{G}_t^i \tag{4-75}$$

12. 政府预算对数线性化

$$\frac{\bar{G}^c}{\bar{Y}}\hat{G}_t^c + \frac{\bar{G}^i}{\bar{Y}}\hat{G}_t^i + \frac{\bar{B}}{\beta\bar{P}\bar{Y}}(\hat{b}_{t-1} - \hat{\pi}_t + \hat{R}_{t-1}) = \bar{\tau}^c \frac{\bar{C}}{\bar{Y}}(\hat{\tau}_t^c + \hat{C}_t) +$$

$$\bar{\tau}^l \bar{w} \frac{\bar{L}}{\bar{y}}(\hat{\tau}_t^l + \hat{W}_t + \hat{L}_t) + \bar{\tau}^k \bar{r}^k \frac{\bar{k}}{\bar{y}}(\hat{\tau}_t^k + \hat{r}_t^k + \hat{z}_t + \hat{K}_{t-1}) + \frac{\bar{B}}{\bar{P}\bar{Y}}\hat{b}_t \tag{4-76}$$

13. 政府消费性支出对数线性化

$$\hat{G}_t^c = -\varphi_{gc}\hat{Y}_t - \gamma_{gc}(\hat{b}_{t-1} - \hat{Y}_{t-1}) + \varepsilon_t^{gc} \tag{4-77}$$

14. 政府投资性支出对数线性化

$$\hat{G}_t^i = -\varphi_{gi}\hat{Y}_t - \gamma_{gi}(\hat{b}_{t-1} - \hat{Y}_{t-1}) + \varepsilon_t^{gi} \tag{4-78}$$

15. 政府转移支付对数线性化

$$TR_t^s = -\varphi_{trs}\hat{Y}_{t-1} - \gamma_{trs}(\hat{b}_{t-1} - \hat{Y}_{t-1}) + \varepsilon_t^{trs} + \varepsilon_t^{tr} \tag{4-79}$$

$$TR_t^n = -\varphi_{trn}\hat{Y}_{t-1} - \gamma_{trn}(\hat{b}_{t-1} - \hat{Y}_{t-1}) + \varepsilon_t^{trn} + \varepsilon_t^{tr} \tag{4-80}$$

16. 储蓄者消费税冲击对数线性化

$$\hat{\tau}_t^{cs} = \varphi_{\tau cs}\hat{Y}_t + \gamma_{\tau cs}(\hat{b}_{t-1} - \hat{Y}_{t-1}) + \varepsilon_t^{\tau cs} + \varepsilon_t^{\tau c} \qquad (4-81)$$

17. 非储蓄者消费税对数线性化

$$\hat{\tau}_t^{cn} = \varphi_{\tau cn}\hat{Y}_t + \gamma_{\tau cn}(\hat{b}_{t-1} - \hat{Y}_{t-1}) + \varepsilon_t^{\tau cn} + \varepsilon_t^{\tau c} \qquad (4-82)$$

18. 劳动税对数线性化

$$\hat{\tau}_t^l = \varphi_{\tau l}\hat{Y}_t + \gamma_{\tau l}(\hat{b}_{t-1} - \hat{Y}_{t-1}) + \varepsilon_t^{\tau l} \qquad (4-83)$$

19. 资本税对数线性化

$$\hat{\tau}_t^k = \varphi_{\tau k}\hat{Y}_t + \gamma_{\tau k}(\hat{b}_{t-1} - \hat{Y}_{t-1}) + \varepsilon_t^{\tau k} \qquad (4-84)$$

20. 消费加总对数线性化

$$\frac{\bar{C}}{\bar{Y}}\hat{C}_t = (1-\mu)\frac{\bar{C}^s}{\bar{Y}}\hat{C}_t^s + \mu\frac{\bar{C}^n}{\bar{Y}}\hat{C}_t^n \qquad (4-85)$$

21. 转移支付加总对数线性化

$$\frac{\overline{TR}}{\bar{Y}}\hat{TR}_t = (1-\mu)\frac{\overline{TR}^s}{\bar{Y}}\hat{TR}_t^s + \mu\frac{\overline{TR}^n}{\bar{Y}}\hat{TR}_t^n \qquad (4-86)$$

22. 消费税加总对数线性化

$$\hat{\tau}_t^c = (1-\mu)\frac{\bar{\tau}^{cs}}{\bar{\tau}^c}\hat{\tau}_t^{cs} + \mu\frac{\bar{\tau}^{cn}}{\bar{\tau}^c}\hat{\tau}_t^{cn} \qquad (4-87)$$

23. 投资加总对数线性化

$$\hat{I}_t = \hat{I}_t^s \qquad (4-88)$$

债券加总对数线性化 $\hat{B}_t = \hat{B}_t^s$，由于 $\hat{B}_t^s$ 并未影响储蓄者的决策，因此，可把这个条件去掉。

24. 资本加总对数线性化

$$\hat{K}_{t-1} = \hat{K}_{t-1}^s \qquad (4-89)$$

25. 总供给对数线性化

$$\hat{Y}_t = \varphi[\hat{\varepsilon}_t^a + \alpha\hat{Z}_t + \alpha\hat{K}_{t-1} + (1-\alpha)\hat{L}_t + \eta\hat{K}_t^g] \qquad (4-90)$$

26. 总需求对数线性化

$$\hat{Y}_t = \frac{\bar{C}}{\bar{Y}}\hat{C}_t + \delta\frac{\bar{K}}{\bar{Y}}\hat{I}_t + \frac{\bar{G}^C}{\bar{Y}}\hat{G}_t^c + \frac{\bar{G}^i}{\bar{Y}}\hat{G}_t^i + (1-\bar{\tau}^k)\bar{r}^k\frac{\bar{K}}{\bar{Y}}\hat{Z}_t \qquad (4-91)$$

27. 名义利率冲击对数线性化

$$\hat{R}_t = \rho_R \hat{R}_{t-1} + (1-\rho_R)(\rho_{R\pi}\hat{\pi}_t + \rho_{Ry}\hat{Y}_t) + \eta_t^R \qquad (4-92)$$

28. 劳动供给冲击对数线性化

$$\hat{\varepsilon}_t^l = \rho_l \hat{\varepsilon}_{t-1}^l + \eta_t^l \qquad (4-93)$$

29. 投资冲击对数线性化

$$\hat{\varepsilon}_t^i = \rho_i \hat{\varepsilon}_{t-1}^i + \eta_t^i \qquad (4-94)$$

30. 偏好冲击对数线性化

$$\hat{\varepsilon}_t^b = \rho_b \hat{\varepsilon}_{t-1}^b + \eta_t^b \qquad (4-95)$$

31. 技术冲击对数线性化

$$\hat{\varepsilon}_t^a = \rho_a \hat{\varepsilon}_{t-1}^a + \eta_t^a \qquad (4-96)$$

32. 10 个政府支出和税收冲击过程

经过对数线性化处理后，系统内生变量共有 42 个，分别为 $\hat{C}_t$、$\hat{C}_t^s$、$\hat{C}_t^n$、$\hat{Y}_t$、$\hat{R}_t$、$\hat{\pi}_t$、$\hat{I}_t$、$\hat{K}_t$、$\hat{K}_t^s$、$\hat{I}_t^s$、$\hat{q}_t$、$\hat{r}_t^k$、$\hat{z}_t$、$\hat{w}_t$、$\hat{L}_t$、$\hat{mc}_t$、$\hat{\tau}_t^k$、$\hat{\tau}_t^l$、$\hat{\tau}_t^c$、$\hat{\tau}_t^{cs}$、$\hat{\tau}_t^{cn}$、$\hat{TR}_t$、$\hat{TR}_t^s$、$\hat{TR}_t^n$、$\hat{G}_t^c$、$\hat{G}_t^i$、$\hat{K}_t^g$、$\hat{b}_t$、$\hat{\varepsilon}_t^l$、$\hat{\varepsilon}_t^i$、$\hat{\varepsilon}_t^b$、$\hat{\varepsilon}_t^a$、ε_t^{gc}、ε_t^{gi}、ε_t^{trs}、ε_t^{trn}、ε_t^{tr} $\varepsilon_t^{\tau cs}$、$\varepsilon_t^{\tau cn}$、$\varepsilon_t^{\tau c}$、$\varepsilon_t^{\tau l}$、$\varepsilon_t^{\tau k}$。经济系统均衡条件由 42 个对数线性化方程构成。

二、模型参数校准与参数估计

为了求解模型并分析公债对投资的影响，需要校准和估计模型的参数值。在这个过程中，遵循以下原则：第一，校准和估计出的参数值要使模型存在唯一的均衡解；第二，校准的参数值要符合中国的实际经济，尤其是要与中国文献不能相差较大；第三，当对于某一个参数不存在现有文献或者文献间的差距较大时，使用贝叶斯估计方法，利用中国的数据进行估计。

（一）参数校准

关于模型中家庭部门参数校准。参照梅东州和龚六堂（2011）、王国静和田国强（2014）、郭豫媚等（2016）等学者的做法，将设贴现因子 β 为 0.98，设消费者的跨期替代弹性的倒数 σ_c 为 2；参考 Miao 和 Peng（2011）、王胜华（2018）的做法，设劳动供给对实际工资弹性的逆 σ_l 为 2；参照马文涛和魏福成（2011）、庄子罐等（2018）的做法，设消费习惯 h 为 0.6。

关于模型中厂商部门参数校准。参照陈昆亭和龚六堂（2006）的做法，年度折旧率按0.1计算，季度私人资本折旧率约等于0.025；厂商部门的资本产出弹性 α，已有文献的取值范围为 $[0.30, 0.80]$，均值在0.50左右，参照邓红亮和陈乐一（2019）的做法，α 取0.55；参照 Iwana（2011）、庄子罐等（2016）的做法，工资加成 θ_w 的取值为0.5，投资调整成本参数 $S''(1)$ 为5。

关于政府部门参数校准。参照李玉双（2015）、武彦民等（2016）的做法，假定公共资本的折旧速度与私人资本折旧速度相等，即将公共资本折旧率也为 λ_g，取0.025；参考吴化斌等（2011）、张佐敏（2014）和粟壬波（2016）的做法，设公共资本的产出弹性系数 η 为0.1。

关于稳态时相关比例参数校准。参照王胜华（2018）的研究，平均消费税率 $\bar{\tau}^c$ 取0.07，均衡时对储蓄者征收的消费税率 $\bar{\tau}^{cs}$ 和对非储蓄者征收的消费税率 $\bar{\tau}^{cn}$ 都等于 $\bar{\tau}^c$ 的值；平均劳动税率 $\bar{\tau}^l$ 取0.078；平均资本税率 $\bar{\tau}^k$ 取0.237；稳态时消费占产出的比重sC、私人投资占产出的比重sI、政府投资性支出占产出的比重 sGI、政府消费性支出 sGC 占产出的比重分别为0.358、0.409、0.082、0.095，公债占产出的比重sb取0.144。

表4-14 参数校准

参数	β	σ_c	σ_l	h	λ	α	θ_w	$S''(1)$	λ_g	η
校准值	0.98	2	2	0.6	0.025	0.55	0.5	5	0.025	0.1
参数	$\bar{\tau}^c$	$\bar{\tau}^{cs}$	$\bar{\tau}^{cn}$	$\bar{\tau}^l$	$\bar{\tau}^k$	sC	sI	sGI	sGC	sb
校准值	0.07	0.07	0.07	0.078	0.237	0.358	0.409	0.082	0.095	0.144

（二）贝叶斯估计

考虑相关政策变量与宏观经济实际观测值之间的内生影响，本书与政策规则相关的参数采用贝叶斯方法进行估计。在估计之前需要给出相关参数先验分布的形式及其均值和标准差等参数的值及实际经济数据，使用 Matlab 软件中的 Dynare 工具箱利用马尔科夫链—蒙特卡洛（MCMC）方法模拟方法进行 Metropolis-Hastings（MH）随机抽样，进而得到参数的后验分布。

观测数据来源于 Higgins 和 Zha（2015）以及 Chang 等（2016）构建的中国宏观时间序列数据库，选取消费、产出、私人投资、工资、政府消费性支出和政府投资性支出①作为观测数据，时间跨度为 1996 年第一季度至 2019 年第一季度。利用 CPI 平减指数对消费进行平减处理，利用 GDP 平减指数对产出、私人投资、工资、政府消费性支出和政府投资性支出数据进行平减处理，得到对应的实际变量。对于以上六个实际时间序列，利用 Eviews10.0 中的 Census－X12 方法进行季节性调整，然后实际变量取自然对数。为了去掉变量的时间趋势，获得对应序列的周期成分，对对数化的实际变量进行 HP 滤波处理化为可观测变量数据。

对于非储蓄者所占比重 μ，参考王文甫（2001）的研究，设其服从均值为 0.8，标准差为 0.05 的 β 分布。对于资本利用率调整参数 ψ，参照 Smets 和 Wouters（2003）的做法，设其服从均值为 0.2，标准差为 0.075 的正态分布。对于模型中价格和工资粘性参数 ξ_p 和 ξ_w，参考仝冰（2010）、张佐敏（2013）和粟壬波（2016）的研究，设其服从均值为 0.7，标准差为 0.1 的 β 分布。对于中间产品生产的固定成本参数 φ，参照 Smets 和 Wouters（2003）的做法，设其服从均值为 1.45，标准差为 0.25 的正态分布。

对于政策类冲击的持续系数，参照王国静和田国强（2014）的研究，设其服从均值为 0.5，标准差为 0.2 的 β 分布。对于非政策类变量冲击的持续系数，参照仝冰（2010）、杨克贲和王晓芳（2015）及粟壬波（2016）的研究，设其服从均值为 0.5，标准差为 0.1 的 β 分布。对于所有冲击变量的标准差，参照王胜华（2018）的研究，设其服从均值为 0.1，标准差为 2 的逆 γ（Inv. Gamma）分布。

对于名义利率对通货膨胀的反应系数 $\rho_{R\pi}$，参照 Traum 和 Yang（2015）、肖尧和牛永青（2014）的研究，设其服从均值为 1.5，标准差为 0.2 的正态分布。对于名义利率对产出缺口的反应系数 ρ_{Ry}，参照肖尧和牛永青（2014）的研究，设其服从均值为 0.125，标准差为 0.05 的正态分布。对于各种政府支出和税率对产出及公债规模的反应系数，参照王国静和田国强（2014）、刘辉等（2019）的研究，设其服从均值为 0.4，标准差为 0.2 的 γ 分布。

由表 4-15 可知，绝大多数参数的后验均值及 90% 的置信区间明显不同于设定的先验分布。这表明了本章估计结果是稳健的，所使用的观测变量数据包含了待估参数的真实值的信息。

----

① 分别对应数据集中的 NominalHHC、NominalGDP、NominalFAIPriv、AvgNominalWage、Nominal-GovtC 和 NominalFAIGovt。

表 4-15 贝叶斯参数估计值

参数	参数含义	先验分布	后验均值	90%置信区间
结构性参数				
μ	非储蓄者所占比重	B (0.8, 0.05)	0.7304	[0.7103, 0.7488]
ψ	资本利用率调整参数	N (0.2, 0.075)	0.6254	[0.5826, 0.6722]
ξ_p	Calvo 价格粘性参数	B (0.7, 0.1)	0.6950	[0.6548, 0.7241]
ξ_w	Calvo 工资粘性参数	B (0.7, 0.1)	0.6911	[0.6685, 0.7106]
φ	中间产品生产的固定成本参数	N (1.45, 0.25)	1.7401	[1.6687, 1.7925]
政策类参数				
φ_{gc}	政府消费性支出对产出的反应系数	G (0.4, 0.2)	0.7686	[0.7243, 0.8097]
φ_{gi}	政府投资性支出对产出的反应系数	G (0.4, 0.2)	0.5784	[0.5564, 0.5977]
φ_{trs}	政府对储蓄者的转移支付对产出的反应系数	G (0.4, 0.2)	0.3273	[0.2907, 0.3588]
φ_{trn}	政府对非储蓄者的转移支付对产出的反应系数	G (0.4, 0.2)	0.6125	[0.5340, 0.6873]
$\varphi_{\tau cs}$	储蓄者消费税对产出的反应系数	G (0.4, 0.2)	0.8360	[0.7432, 0.9153]
$\varphi_{\tau cn}$	非储蓄者消费税对产出的反应系数	G (0.4, 0.2)	0.2994	[0.2553, 0.3424]
$\varphi_{\tau l}$	劳动税对产出的反应系数	G (0.4, 0.2)	1.0690	[0.9945, 1.1480]
$\varphi_{\tau k}$	资本税对产出的反应系数	G (0.4, 0.2)	0.6542	[0.6247, 0.6842]
ρ_R	名义利率的自回归系数	B (0.4, 0.2)	0.3244	[0.3107, 0.3409]
$\rho_{R\pi}$	名义利率对通货膨胀缺口的反应系数	G (1.5, 0.2)	1.5921	[1.5576, 1.6299]
ρ_{Ry}	名义利率对产出缺口的反应系数	G (0.125, 0.05)	0.1877	[0.1788, 0.1958]
γ_{gc}	政府消费性支出对上一期公债规模的反应系数	G (0.4, 0.2)	0.0329	[0.0134, 0.0501]
γ_{gi}	政府投资性支出对上一期公债规模的反应系数	G (0.4, 0.2)	0.0366	[0.0095, 0.0588]
γ_{trs}	政府对储蓄者的转移支出对上一期公债规模的反应系数	G (0.4, 0.2)	0.1693	[0.1397, 0.1979]
γ_{trn}	政府对非储蓄者的转移支付对上一期公债规模的反应系数	G (0.4, 0.2)	0.1745	[0.1277, 0.2269]
$\gamma_{\tau cs}$	储蓄者消费税对上一期公债规模的反应系数	G (0.4, 0.2)	0.6878	[0.6350, 0.7371]
$\gamma_{\tau cn}$	非储蓄者消费税对上一期公债规模的反应系数	G (0.4, 0.2)	0.5054	[0.4825, 0.5285]

续表

参数	参数含义	先验分布	后验均值	90%置信区间
政策类参数				
$\gamma_{\tau l}$	劳动税对上一期公债规模的反应系数	G (0.4, 0.2)	0.7205	[0.6712, 0.7595]
$\gamma_{\tau k}$	资本税对上一期公债规模的反应系数	G (0.4, 0.2)	0.2531	[0.2108, 0.3060]
ρ_{gc}	政府消费性支出冲击的持续系数	B (0.5, 0.2)	0.5022	[0.4730, 0.5329]
ρ_{gi}	政府投资性支出冲击的持续系数	B (0.5, 0.2)	0.5903	[0.5648, 0.6148]
ρ_{trs}	储政府对储蓄者的转移支付冲击的持续系数	B (0.5, 0.2)	0.6071	[0.5511, 0.6554]
ρ_{trn}	政府对非储蓄者的转移支付冲击的持续系数	B (0.5, 0.2)	0.6986	[0.6798, 0.7182]
ρ_{tr}	政府总转移支付冲击的持续系数	B (0.5, 0.2)	0.6772	[0.5948, 0.7404]
$\rho_{\tau cs}$	储蓄者消费税冲击的持续系数	B (0.5, 0.2)	0.5771	[0.5455, 0.6094]
$\rho_{\tau cn}$	非储蓄者消费税冲击的持续系数	B (0.5, 0.2)	0.7631	[0.7153, 0.8137]
$\rho_{\tau c}$	总消费税冲击的持续系数	B (0.5, 0.2)	0.2575	[0.2177, 0.2923]
$\rho_{\tau l}$	劳动税冲击的持续系数	B (0.5, 0.2)	0.0882	[0.0182, 0.1300]
$\rho_{\tau k}$	资本税冲击的持续系数	B (0.5, 0.2)	0.4047	[0.3689, 0.4363]
σ_{gc}	政府消费性支出冲击的标准差	Γ^{-1} (0.1, 2)	0.0310	[0.0272, 0.0358]
σ_{gi}	政府投资性支出冲击的标准差	Γ^{-1} (0.1, 2)	0.0461	[0.0404, 0.0525]
σ_{trs}	政府对储蓄者的转移支付冲击的标准差	Γ^{-1} (0.1, 2)	0.0975	[0.0230, 0.2268]
σ_{trn}	政府对非储蓄者的转移支付冲击的标准差	Γ^{-1} (0.1, 2)	0.0391	[0.0233, 0.0558]
σ_{tr}	政府总转移支付冲击的标准差	Γ^{-1} (0.1, 2)	0.0414	[0.0226, 0.0588]
$\sigma_{\tau cs}$	储蓄者消费税冲击的标准差	Γ^{-1} (0.1, 2)	0.0671	[0.0260, 0.1032]
$\sigma_{\tau cn}$	非储蓄者消费税冲击的标准差	Γ^{-1} (0.1, 2)	0.0699	[0.0263, 0.1192]
$\sigma_{\tau c}$	总消费税冲击的标准差		0.0546	[0.0252, 0.0847]
$\sigma_{\tau l}$	劳动税冲击的标准差	Γ^{-1} (0.1, 2)	0.0620	[0.0246, 0.0943]
$\sigma_{\tau k}$	资本税冲击的标准差	Γ^{-1} (0.1, 2)	0.2477	[0.2177, 0.2733]
σ_R	名义利率冲击的标准差	Γ^{-1} (0.1, 2)	0.1254	[0.1042, 0.1488]
外生冲击参数				
ρ_l	劳动供给冲击的持续系数	B (0.5, 0.1)	0.2089	[0.1619, 0.2533]
ρ_i	投资调整成本冲击的持续系数	B (0.5, 0.1)	0.6229	[0.5912, 0.6579]
ρ_b	偏好冲击的持续系数	B (0.5, 0.1)	0.5705	[0.5380, 0.5984]
ρ_a	技术冲击的持续系数	B (0.5, 0.1)	0.5732	[0.5472, 0.6072]

参数	参数含义	先验分布	后验均值	90%置信区间
外生冲击参数				
σ_l	劳动供给冲击的标准差	Γ^{-1} (0.1, 2)	0.7746	[0.6121, 0.9653]
σ_i	投资调整成本冲击的标准差	Γ^{-1} (0.1, 2)	0.0456	[0.0301, 0.0621]
σ_b	偏好冲击的标准差	Γ^{-1} (0.1, 2)	0.0384	[0.0250, 0.0496]
σ_a	技术冲击的标准差	Γ^{-1} (0.1, 2)	0.0286	[0.0247, 0.0323]
σ_w	工资冲击的标准差	Γ^{-1} (0.1, 2)	0.0829	[0.0276, 0.1621]
σ_p	价格冲击的标准差	Γ^{-1} (0.1, 2)	0.0590	[0.0276, 0.0864]

注：先验分布 B、N、G、Γ^{-1} 分别表示 β 分布、正态分布、γ 分布、逆 γ 分布。

三、模型适用性检验

(一) 多变量诊断图

在使用贝叶斯估计法对结构参数估计后，我们需要检验模型对实际经济数据的拟合程度。检验拟合程度常用的方法有 MCMC 法和提前一期预测值与实际观测值的偏离程度。MCMC 法认为，若模型设置合理时，即便是两个不同的值，随着模拟次数的增加，模型参数的一阶矩、二阶矩和三阶矩能够收敛到相同的水平。图 4-1 给出了多变量收敛性诊断检验的结果。

通过图 4-1 可以发现，随着蒙特卡洛模拟次数的增加，对模型参数而言，无论是一阶矩、二阶矩还是三阶矩，最终都会收敛到相同水平，尽管从不同的起点开始，但最后两条曲线逐渐吻合，这表明模型能够收敛，模型能够较好地拟合实际经济数据，参数估计结果是稳健的。

(二) 提前一期预测值与实际值比较

参考 Nimark（2009）的方法，对模型的模拟值和实际观测值进行比较来检验模型对各变量的拟合能力。如果模拟的消费、投资、产出、政府消费性支出、政府投资性支出和工资同实际观测值基本一致，说明模型的拟合能力较强，该模型能够较好地解释我国经济的波动。[①]

――――――――――

① 各变量的实际观测值是经过价格指数平减—季节调整—取对数—HP 滤波处理后的值。

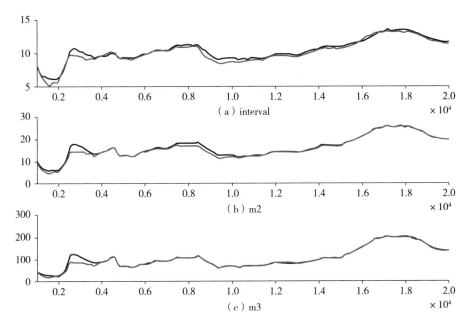

图 4-1　多变量收敛性诊断检验

注：两条线为参数分布形状的多变变量收敛性测度状况，分别为 M 阶模拟序列的混合规模因子和 M 阶单个序列的平均规模因子，interval 为一阶矩（均值），m2 为二阶矩（方差），m3 为三阶矩。纵轴表示潜在规模简化因子，横轴为 MCMC 模拟次数。

从图 4-2 可以看出，模型中主要变量的提前一期预测值与实际值的拟合程度较好，它们的波动趋势基本相同，波动幅度总体上也基本相同。

通过以上分析可以发现，无论是从变量的收敛性诊断检验还是拟合能力检验来看，模拟对现实经济的解释能力较强。

四、公债对投资影响的实证分析

投资是重要的经济活动，也是经济发展的"三驾马车"之一，不可或缺。为了分析公债对私人投资的影响，首先我们研究隐含的托宾 q 模型（Tobin，1969）。

定义 $q_t \equiv \Lambda_t q_t 1 + \tau_t^{cs}/\Lambda_t$，其中，$\Lambda_t$ 为对应预算约束（4-3）的拉格朗日乘子，$\Lambda_t q_t 1 + \tau_t^{cs}$ 为对应预算约束（4-4）的拉格朗日乘子。托宾 q 为新增一单位资本的影子价格。私人投资和托宾 q 之间关系密切，如果 q>1，应该积累更多的资本，即增加投资；反之，应该减少投资。对数线性化后的托宾 q 运动方程如下：

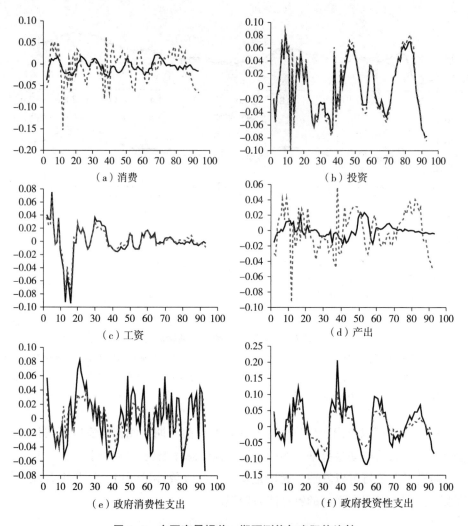

图 4-2 主要变量提前一期预测值与实际值比较

注：横轴表示季度，纵轴表示变量对稳态值的偏离，实线代表变量实际值，虚线代表变量的提前一期模拟值。

$$\hat{q}_t = -(\hat{R}_t - \hat{\pi}_{t+1}) + \frac{1-\delta}{1-\delta+(1-\tau^k)\,\bar{r}^k}\hat{q}_{t+1} +$$

$$\frac{(1-\bar{\tau}^k)\,\bar{r}^k}{1-\lambda+(1-\bar{\tau}^k)\,\bar{r}^k}\hat{r}^k_{t+1} - \frac{\bar{\tau}^k\,\bar{r}^k}{1-\lambda+(1-\bar{\tau}^k)\,\bar{r}^k}\hat{\tau}^k_{t+1} \qquad (4-97)$$

从式（4-89）我们可以看出托宾 q 变化的影响因素。实际利率与（$\hat{R}_t$ —

$\hat{\pi}_{t+1}$）托宾 q 的变化成反比，实际利率越高，私人投资越小。因为此时把资金存在银行更有利可图，从而私人投资被会被挤出。预期托宾 q 的变动与托宾 q 的变化成正比，预期的未来投资越高，私人部门的投资越高。预期资本收益率的变化 $\hat{r}_{t+1}^k$ 与托宾 q 的变化成正比，预期资本收益率越高，投资者越有利可图，因此私人投资会被挤入。预期资本税的变动 $\hat{\tau}_{t+1}^k$ 与托宾 q 的变化成反比，预期的资本税越高，私人部门的净税后收入越低，因此私人投资会被挤出。

（一）政府支出扩张的脉冲响应分析

1. 政府消费性支出冲击的脉冲响应分析

如图 4-3 所示，当经济处于稳态时，私人投资受到 1 单位标准差的正向政府消费性支出冲击使私人投资负向偏离稳态值，即政府消费性支出对私人投资有负向的影响。第 1 期的负向偏离度约为 0.05%，之后经历了两期的连续小幅下降到达最低值，接着稳步回升，从第 15 期开始缓慢地向稳态回归。

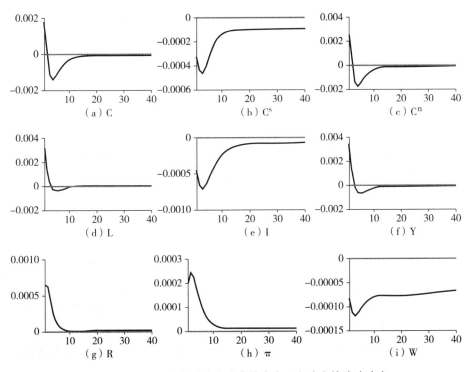

图 4-3　主要变量对政府消费性支出正向冲击的脉冲响应

注：横轴表示季度，纵轴表示偏离稳态程度。

政府消费性支出冲击带来的相关经济变量的变化符合经济理论。

首先，假定在税收收入及其他财政支出不变的情况下，政府增加消费性支出，此时政府只能通过增加公债维持预算平衡，由此导致公债增加。这意味着政府未来会通过增加税收、减少转移支付来获取资金以平衡预算收支，由于储蓄者是理性消费者，会预期这将导致储蓄者可支配收入现值减少，进而储蓄者会进行预算平滑，导致其私人投资水平下降。这也就是政府消费性支出的负财富效应。

其次，政府消费性支出的增加提高了社会总需求，因此使在第 1 期产出增加 0.33%，物价上升 0.02%，由于价格粘性较大，物价上升有限。由于产出增加，物价上升，按照货币当局对通货膨胀缺口和产出缺口的内生反馈机制，名义利率增加 0.07%。而且从图 4-3 可以看出，名义利率增加的幅度大于物价上升的幅度，因此实际利率的增加导致私人投资下降。

最后，由于资本存量取决于上一期的水平，不会立即改变，因此随着产出的增加，资本利用率也不断增加，从而引起预期资本收益率的增加，对私人投资产生"挤入效应"。

总体来看，政府消费性支出的"挤入效应"小于"挤出效应"，因此导致私人投资水平下降。同时政府消费性支出的挤出效应持续时间较长。

2. 政府投资性支出冲击的脉冲响应分析

如图 4-4 所示，当经济处于稳态时，私人投资受到 1 单位标准差的正向政府投资性支出时，第 1 期负向偏离稳态 0.06%，之后经历两期的持续负向偏离达到极小值点 0.09%，此后又逐渐回升，在第 8 期达到零值，之后又逐渐增加，挤入投资 0.04%。但是冲击发生后 40 期私人投资仍然没有回归到稳态。这说明政府投资性支出对私人投资的正向影响时间较长。

政府投资性支出冲击带来的变化可给出两点解释：

第一，政府投资性支出通过公共资本积累的动态方程形成公共资本存量 $K_t^g = (1-\delta^g) K_{t-1}^g + G_t^i$，并进入中间产品厂商的生产函数 $y_t(f) = \varepsilon_t^a (z_t k_{t-1}(f))^\alpha l_t(f)^{1-\alpha} (K_{t-1}^g)^\eta - \Phi$，提高资本和劳动的边际产量，使厂商的预期资本收益率提高，进而对资本的需求增加，增加了当期的私人投资（张岩，2019）。由于政府投资性支出到公共资本的形成过程需要一定的时间，因此它对私人投资的"挤入效应"存在滞后性。

第二，同政府消费性支出类似，政府投资性支出的增加也会产生负财富效应，使储蓄者短期的消费需求和投资需求下降。

总体来看，政府投资性支出对私人投资存在短期的"挤出效应"，但是在

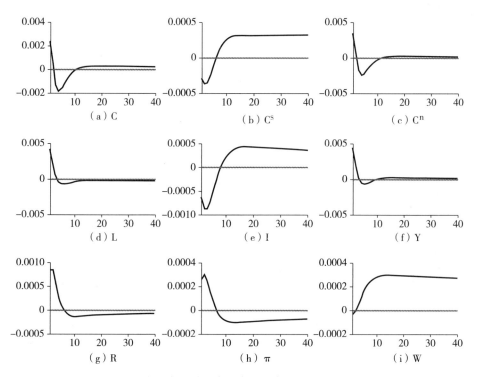

图4-4　主要变量对政府投资性支出正向冲击的脉冲响应

注：横轴表示季度，纵轴表示偏离稳态程度。

长期存在"挤入效应"且"挤入效应"持续时间较长。

3. 政府转移支付冲击的脉冲响应分析

（1）政府对储蓄者转移支付冲击的脉冲响应分析。如图4-5所示，当经济处于稳态时，储蓄者受到1单位标准差的正向转移支付时，私人投资在第1期正向偏离稳态0.019%，在第4期达到一个极大的正向偏离值0.034%，之后冲击效果下降，在第15期回归到稳态值。

政府对储蓄者转移支付正向冲击带来的变化可给出两点解释：

一方面，政府对储蓄者转移支付的正向冲击直接使储蓄者预算收入增加，进而使储蓄者消费和投资需求增加；另一方面，假定税收收入及其他财政支出不变的情况下，政府对储蓄者转移支付的正向冲击导致公债增加，这同样意味着政府未来会通过增加税收、减少转移支付来获取资金来平衡预算收支，由于储蓄者是理性消费者，预期这将导致储蓄者家庭收入现值减少，进而储蓄者会进行预算平滑，减少一定的当期消费。总体来看，储蓄者收入增加的部分大于

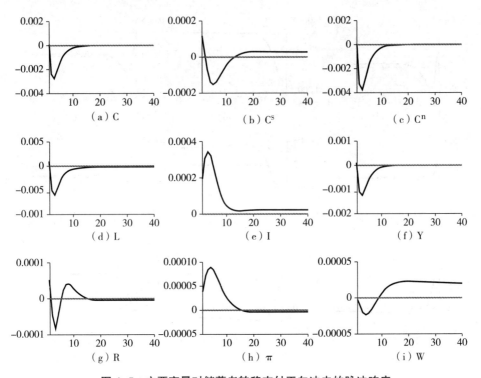

图4-5 主要变量对储蓄者转移支付正向冲击的脉冲响应

注：横轴表示季度，纵轴表示偏离稳态程度。

因预算平滑而减少的部分，因此，储蓄者收入增加，使第1期消费增加了0.001%、投资增加了0.018%。这也就是政府转移支付的正财富效应。

总体来看，政府对储蓄者转移支付的"挤入效应"大于"挤出效应"。

（2）政府对非储蓄者转移支付冲击的脉冲响应分析。如图4-6所示，当经济处于稳态时，非储蓄者转移支付受到1单位标准差的正向冲击时，私人投资在第1期负向偏离稳态0.07%，随之经历四期的持续负向偏离后达到一个极小值0.13%，然后缓慢收敛到稳态值。

政府对非储蓄者转移支付正向冲击带来的变化可给出以下解释：

首先，一方面，政府对非储蓄者转移支付的正向冲击直接使非储蓄者预算收入增加；另一方面，由于非储蓄者属于非理性消费者，不进行收入的预算平滑，因此，非储蓄者第1期消费增加1.37%。由于财政支出的负财富效应，储蓄者会进行理性预期并进行预算平滑，使消费和投资减少。

其次，政府对非储蓄者转移支付的增加提高了社会总需求，因此产出在第

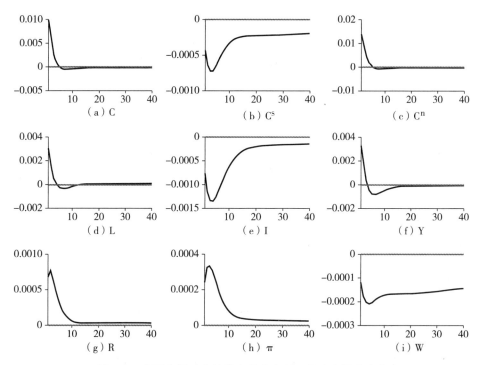

图4-6　主要变量对非储蓄者转移支付正向冲击的脉冲响应

注：横轴表示季度，纵轴表示偏离稳态程度。

1期增加了0.33%，由于价格粘性较大，物价上升有限，物价第1期增加了0.024%。由于产出增加，物价上升，按照货币当局对通货膨胀缺口和产出缺口的内生反馈机制，名义利率在第1期增加了0.067%。而且从图4-6可以看出，名义利率增加的幅度大于物价上升的幅度，因此实际利率的增加导致私人投资下降。

最后，由于资本存量取决于上一期的水平，不会立即改变，因此随着产出的增加，资本利用率也会增加，从而引起预期资本收益率的增加，对私人投资产生"挤入效应"。

总体来看，政府对非储蓄者转移支付对私人投资存在"挤出效应"。

（3）政府对所有家庭转移支付冲击的脉冲响应分析。如图4-7所示，当经济处于稳态时，所有家庭受到1单位标准差的正向转移支付冲击时，私人投资在期初负向偏离稳态0.06%，随后持续向下偏离，至第4期时达到最大的正向偏离值0.12%，然后缓慢恢复到稳态值。

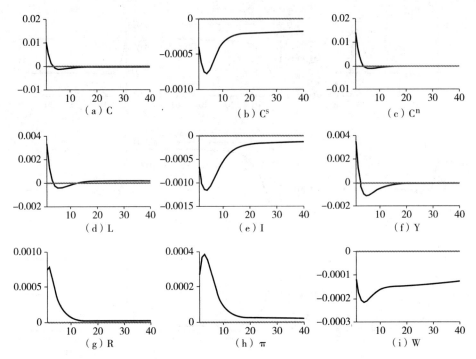

图4-7 主要变量对所有家庭转移支付正向冲击的脉冲响应

注：横轴表示季度，纵轴表示偏离稳态程度。

政府对所有家庭转移支付正向冲击带来的变化可给出以下解释：

首先，由于非储蓄者属于非理性消费者，不进行收入的预算平滑，因此，政府对所有家庭转移支付的正向冲击直接使非储蓄者预算收入增加，使其第1期消费增加了1.46%。由于财政支出的负财富效应，储蓄者会进行理性预期并进行预算平滑，使第1期消费减少了0.037%，第1期投资减少了0.06%。

其次，政府对所有家庭转移支付的增加提高了社会总需求，进而导致社会总供给的上升，这必然会逐渐导致投资需求增加。

再次，政府转移支付的增加提高了社会总需求，因此产出在第1期增加了0.36%，由于价格粘性较大，物价上升有限，物价上升了0.027%。由于物价上升，产出增加，按照货币当局对通货膨胀缺口和产出缺口的内生反馈机制，名义利率增加了0.074%。而且从图4-7可以看出，名义利率增加的幅度大于物价上升的幅度，因此实际利率的增加导致私人投资下降。

最后，由于资本存量取决于上一期的水平，不会立即改变，因此随着产出的增加，资本利用率也会增加，从而引起预期资本收益率在第1期增加了

0.23%，对私人投资会产生"挤入效应"。

总体来看，政府对所有家庭转移支付的私人投资效应存在"挤出效应"。

（二）减税冲击的脉冲响应分析

1. 资本税冲击的脉冲响应分析

如图4-8所示，私人投资对1单位标准差的负向资本税冲击的反应存在"挤入效应"，在第3期"挤入效应"最大，正向偏离稳态0.83%，之后逐渐减弱，第12期时收敛速度减缓，第40期时仍为收敛到稳态值。说明负向资本税的冲击对私人投资影响的持续时间较长。

私人投资对资本税负向冲击冲击带来的变化可给出以下解释：

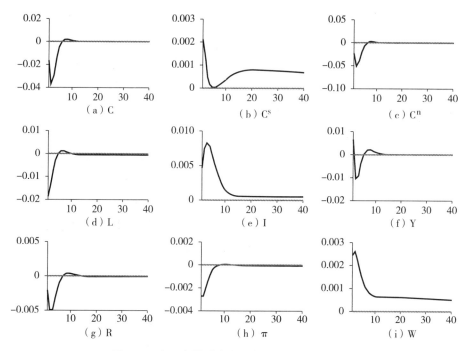

图4-8 主要变量对资本税负向冲击的脉冲响应

注：横轴表示季度，纵轴表示偏离稳态程度。

首先，资本税降低意味着储蓄者的资本税后净收益和可支配收入增加，从而使其消费和投资需求也增加。由于资本税降低政策的连续性 $\rho_{\tau k} = 0.4047$，使储蓄者预期资本税持续降低，进而对私人投资持续产生"挤入效应"。

其次，假定在税收入及其他财政支出不变的情况下，由于政府降低资本税而对储蓄者产生负财富效应，这使储蓄者的消费需求和投资需求下降。

再次，政府降低资本税，使资本要素相对于劳动要素更加便宜，中间品生产商会加大对资本要素的投入，使投资水平增加（武晓利、晁江锋，2014）。

最后，政府降低资本税，使资本要素相对于劳动要素更加便宜，中间品生产商减少劳动的投入，从而使非储蓄者的劳动收入和消费下降。非储蓄者消费下降的幅度大于储蓄者消费上升的幅度，总消费下降，这使总需求下降，而总供给在持续增加，这使物价下降。按照货币当局对通货膨胀缺口和产出缺口的内生反馈机制，名义利率下降。而且从图4-8可以看出，名义利率下降的幅度大于物价下降的幅度，因此实际利率的下降也导致私人投资增加。

总体来看，资本税降低的"挤入效应"远大于其"挤出效应"，因此导致私人投资水平增加。

2. 消费税冲击的脉冲响应分析

（1）储蓄者消费税冲击的脉冲响应分析。如图4-9所示，私人投资对储蓄

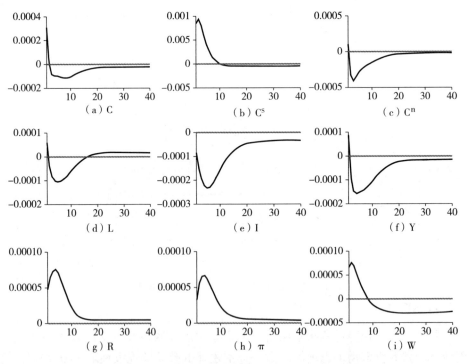

图4-9 主要变量对储蓄者消费税负向冲击的脉冲响应

注：横轴表示季度，纵轴表示偏离稳态程度。

者消费税 1 单位标准差负向冲击的反应总体上存在"挤出效应"。在第 5 期负向偏离稳态值达到最大，为 0.02%，之后逐渐减弱，此后缓慢下降至稳态。

一方面，政府对储蓄者消费税的降低意味着消费品的价格降低，进而储蓄者的实际购买力提高，使其消费水平上升，因此消费品价格下降会促使其将投资需求转向消费需求，故而导致其私人投资水平的下降（张岩，2019）。另一方面，由于公债的负财富效应使投资减少。因此，储蓄者消费税的降低挤出了私人投资。

（2）非储蓄者消费税冲击的脉冲响应分析。如图 4-10 所示，私人投资对非储蓄者消费税 1 单位标准差负向冲击的反应总体上存在"挤出效应"。私人投资在期初负向偏离稳态约为 0.01%，之后持续下降，在第 3 期负向偏离达到最大值为 0.04%，此后逐渐回升，至第 9 期回落到零值后再次小幅缓慢负向偏离稳态值，至第 20 期后经历较长的时期再缓慢恢复到稳态值。

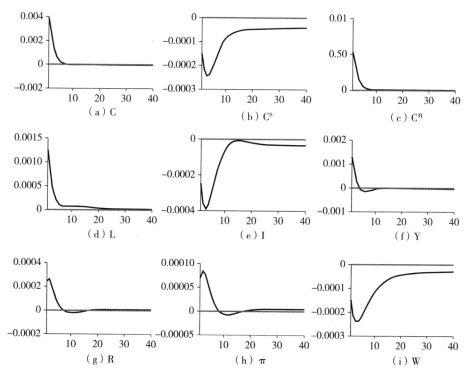

图 4-10　主要变量对非储蓄者消费税负向冲击的脉冲响应

注：横轴表示季度，纵轴表示偏离稳态程度。

非储蓄者消费税的降低意味着消费品的价格降低，进而家庭的实际购买力提高，使非储蓄者的消费水平上升。而对于储蓄者来说，政府对非储蓄者消费税的降低将导致公债增加。由于储蓄者是理性消费者，预期这将导致储蓄者收入现值减少，进而储蓄者会进行预算平滑，减少一定的当期消费和投资，因此，私人投资会先下降。

由于非储蓄者的边际消费倾向较高，因此其消费增加较大，这使总消费增加，进而导致社会总需求增加。社会总需求的上升将拉动社会总供给的上升，进而逐渐导致投资需求增加。

总体来看，非储蓄者消费税降低的私人投资效应是挤出的。

（3）所有家庭消费税冲击的脉冲响应分析。如图 4-11 所示，私人投资对所有家庭消费税 1 单位标准差负向冲击的反应总体上存在"挤出效应"，在第 3 期"挤出效应"最大，之后逐渐减弱，至第 5 期后慢慢回落至稳态。

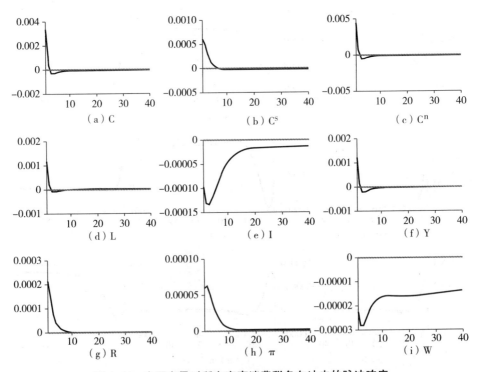

图 4-11　主要变量对所有家庭消费税负向冲击的脉冲响应

注：横轴表示季度，纵轴表示偏离稳态程度。

所有家庭消费税的下降意味着消费品的价格降低，进而家庭的实际购买力提高，使其消费水平上升。对于储蓄者而言，一方面，由于其可以进行跨期消费，因此消费品价格下降会促使其将投资需求转向消费需求，故而导致其私人投资水平的下降（张岩，2019）。另一方面，由于公债的负财富效应使当期投资和消费减少。因此，总体上，政府对所有家庭消费税的负向冲击挤出了私人投资。

3. 劳动税冲击的脉冲响应分析

如图4-12所示，私人投资对劳动税1单位标准差负向冲击的反应存在挤出—挤入—挤出的过程。在第1期负向偏离稳态值最大，为0.02%，之后逐渐回升，至第6期收敛到零值，后持续略微正向偏离稳态值，至第15期又逐渐收敛到零值，然后经历小幅的波动后缓慢恢复到稳态值。

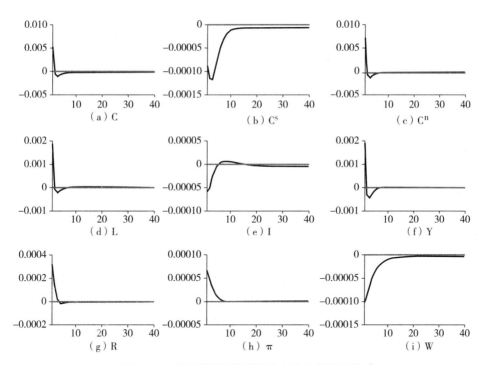

图4-12 主要变量对劳动税负向冲击的脉冲响应

注：横轴表示季度，纵轴表示偏离稳态程度。

一方面，当劳动税下降时，家庭的可支配收入上升。非储蓄者可支配收入的提高，直接导致其消费需求的增加，推动社会总需求上升，从而导致物价上升。由于物价上升，产出增加，按照货币当局对通货膨胀缺口和产出缺口的内生反馈机制，名义利率增加。从图 4-12 可以看出名义利率增加的幅度大于物价上升的幅度，因此实际利率的增加导致私人投资下降。

另一方面，政府降低劳动税会导致闲暇的效用减小，使所有家庭提高劳动供给水平，进而使产出增加，从而使投资增加，但是这一过程存在一定的时滞性。

总体来看，政府对劳动税的负向冲击挤出了私人投资。

第三节 结论与启示

通过选取 82 个国家 2004～2019 年的面板数据作为样本，采用基本面板回归模型和门槛回归模型进行实证研究，得出了以下结论：

第一，基本模型的回归结果显示：从全样本来看，无论是采用混合 OLS 模型回归还是固定效应以及随机效应模型回归，公债的回归系数均在 10% 的水平上显著为负，这说明从全样本来看，公债对家庭最终消费支出的影响是负的。从发展中国家的回归结果来看，只有采用混合 OLS 回归的结果显示公债对家庭最终消费支出的影响在 5% 的水平上显著为负，而 OLS、固定效应和随机效应三个模型的检验显示，应该选择混合效应回归模型，因此，在发展中国家公债对家庭最终消费支出的影响在 5% 的水平上显著为负。从新兴市场国家的回归结果来看，无论是采用混合 OLS 回归还是固定效应以及随机效应回归，公债的回归系数都是非显著的，这说明在新兴市场国家公债对家庭最终消费支出的影响不显著，公债总体上既没有挤入消费也没有挤出消费。从发达国家的回归结果来看，无论是采用混合 OLS 回归还是固定效应以及随机效应回归，公债的回归系数均在 10% 的水平上显著为负，这说明发达国家公债对家庭最终消费支出的影响是负的，公债总体上挤出了家庭最终消费支出。

第二，门槛模型的回归结果显示：只有发达国家公债对家庭最终消费支出的影响存在门槛效应，而且公债的消费效应在低于门槛值和高于门槛值时都是显著为负的，只不过在高于门槛值时负效应减少；而发展中国家和新兴市场国家公债对家庭最终消费支出的影响均不存在门槛效应。

我国属于新兴市场国家，因此，我国公债对家庭最终消费支出的影响是正的，但是不显著。近几年来，我国中央政府公债余额逐年增加，中央政府公债余额占 GDP 的比重保持在 17% 以下，考虑到地方政府的公债余额，我国总的公债规模超过 50%，因此公债政策的制定也是当前我国政府应该重点考虑的问题。由于公债对消费的作用机制比较复杂，受到多方面的影响，应该尽量提高公债的挤入效应，减少公债的挤出效应。我国应该适度适时地调整公债的支出结构，可以由大规模的基础设施投资向医疗、卫生、教育及社会保障等方面倾斜，使家庭对未来的预期比较乐观，进而提高消费水平、扩大内需，使我国的经济持续稳定高质量地增长。

综合比较上述政府支出扩张冲击对私人投资的作用效果，由图 4-13 可知，政府消费性支出的扩张挤出了私人投资；政府投资性支出的扩张在短期挤出了私人投资，但是在长期则挤入了私人投资；政府对储蓄者转移支付的扩张挤入了私人投资；政府对非储蓄者转移支付的扩张挤出了私人投资；政府对所有家庭转移支付的扩张挤出了私人投资。从作用效应的强度来看，政府对非储蓄者转移支付的扩张对私人投资的挤出效应最大；其次是政府对所有家庭转移支付及政府消费性支出。政府对储蓄者转移支出的扩张在短期存在"挤入效应"，政府投资性支出的扩张在长期存在"挤入效应"，且挤入效应最大；对私人投资"挤出效应"最大的是对非储蓄者的转移支付，其次是对所有家庭的转移支付和政府消费性支出。

综合比较上述减税对私人投资的作用效果，由图 4-14 可知，资本税的降低挤入了私人投资；储蓄者消费税的降低挤出了私人投资；非储蓄者消费税的降低对私人投资的影响是先挤出后挤入；政府对所有家庭消费税的降低挤出了私人投资；劳动税的下降对私人投资的影响存在挤出—挤入—挤出的过程。从作用效应的强度来看，资本税的下降对私人投资的"挤入效应"最大，且持续期较长。

综合比较各种政府支出和减税对私人投资的影响，由图 4-15 可知，从"挤出效应"的强度来看，对私人投资"挤出效应"最大的是对非储蓄者的转移支付增加，其次是对所有家庭转移支付和政府消费性支出的增加，然后才是消费税的下降。

综合比较不同类型政府收支的模拟结果，发现不同财政政策工具对私人投资的冲击效应存在显著的差异，政府在进行宏观调控时应区别对待，审时度势采用不同的财政工具。

通过以上分析，给出如下政策建议：在经济低迷时期，可以采用降低资本税、增加政府投资性支出和对储蓄者的转移支付的政策，但是降低资本税更能

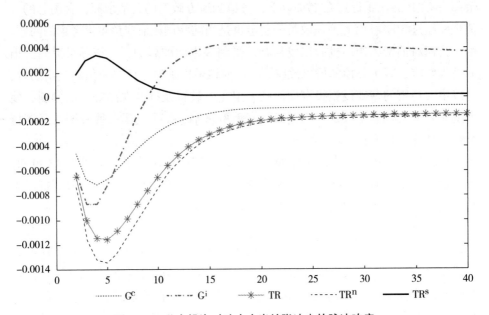

图 4-13　私人投资对政府支出扩张冲击的脉冲响应

注：横轴表示季度，纵轴表示偏离稳态程度。

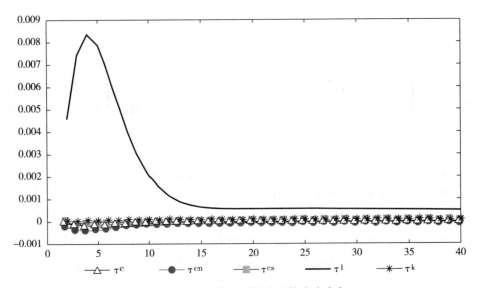

图 4-14　私人投资对减税冲击的脉冲响应

注：横轴表示季度，纵轴表示偏离稳态程度。

拉动私人投资，且相对持续期较长。通过比较还发现政府支出扩张效应不如减税效应。在当期经济放缓时期，政府应转变以往财政政策思路，改变以往单纯以政府支出为主的刺激政策，逐步向结构性减税政策调整。

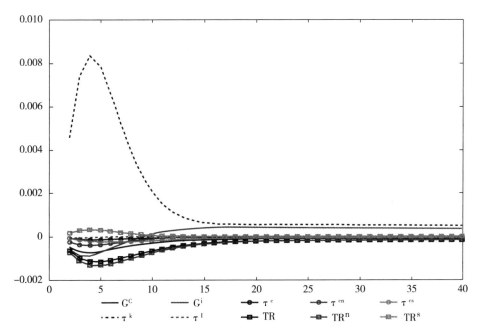

图 4-15　私人投资对各种政府收支冲击的脉冲响应

注：横轴表示季度，纵轴表示偏离稳态程度。

| 第五章 |
公债的分配效应

公债通常是在政府无法通过税收为预算融资的情况下，不得不更多地依赖债券融资时产生的。公债对政府来说是一个负担，因为它必须连同利息一起偿还。公债之所以重要，有以下几个原因：首先，公债通常是在很长一段时间内慢慢积累起来的，它隐藏着一个国家财政政策的历史。短期内，政府出售公债对每个人来说都可能是个好消息，因为这样能够缓解预算压力，使政府能够承担发展支出、减税，并增加对民众的转移支付。因此，通过分析公债就能理解财政政策对宏观经济的影响。其次，如果公债继续以这样一种方式增长，那么在维持目前的支出和转移支付水平的同时，可能无法用当前的税收为其提供资金，那么政府将被迫实施紧缩政策，再次增加税收或削减支出。因此，不断上升的公债向经济发出了令人担忧的信号，这导致对未来紧缩政策的预期。因而，从更长的时间范围来看，政府会将公债负担转嫁到民众身上。然而，最初选择一项产生公债的政策以及如何为所产生的公债融资，这对于理解公债将如何实际影响宏观经济至关重要。最后，同一财政政策对不同人群的影响是不同的。穷人可能比富人对转移支付的变化更为敏感。如果税收是被选择的政策选项，那么公债负担分析应该类似于税收负担分析。但是对公债负担的分析可能会超出对税收负担的分析，因为诸如政府支出或转移支付之类的非税收政策会产生债务，而这些债务可以通过其他非税收政策来融资。无论公债是如何产生以及如何融资的，公债的影响都取决于经济的基本结构、收入分配、消费者的行为和内生反应、劳动力和资本市场的状况，最重要的是财政框架的结构。

本章在第四章的基础上进行拓展分析，采用了一套完整的永久性财政政策变化和可选择的融资方案来了解这些公债融资政策在短期和在长期向新的稳定状态过渡过程中主要经济变量和财政收支变量的变化情况。本章还运用现值法来理解储蓄者和非储蓄者所产生公债负担的现值分布情况。本章重点考察依靠公债融资的扩张性财政政策使储蓄者和非储蓄者的最终公债负担有哪些变化。

第一节　公债对分配的影响机理

政府支出按照用途可分为政府投资性支出、政府消费性支出和政府转移支付，其中政府投资性支出形成公共资本，影响厂商的生产，政府消费性支出进入储蓄者家庭的效用函数，影响家庭的效用。

政府在每个时期征收税收收入，发行一期的名义债券来支付利息和政府的各项支出。政府支出的融资来源包括政府对消费者征收的消费税收入、在劳动力市场征收的劳动税收入、在资本市场征收的资本税收入，以及政府当期发行的政府债券。

以消费品为单位的政府预算约束为：

$$G_t^c + G_t^i + TR_t + \frac{R_{t-1}B_{t-1}}{P_t} = \tau_t^c C_t + \tau_t^l w_t L_t + \tau_t^k r_t^k z_t K_{t-1} + \frac{B_t}{P_t} \tag{5-1}$$

假定政府支出政策遵循如下规则：

$$G_t^c = Y_t^{-\varphi_{gc}}(b_{t-1}/Y_{t-1})^{-\gamma_{gc}}e^{\varepsilon_t^{gc}}, \varepsilon_t^{gc} = \rho_{gc}\varepsilon_{t-1}^{gc} + \eta_t^{gc}, \eta_t^{gc} \sim IIDN(0, \sigma^2_{gc})$$

$$G_t^i = Y_t^{-\varphi_{gi}}(b_{t-1}/Y_{t-1})^{-\gamma_{gi}}e^{\varepsilon_t^{gi}}, \varepsilon_t^{gc} = \rho_{gc}\varepsilon_{t-1}^{gi} + \eta_t^{gi}, \eta_t^{gi} \sim IIDN(0, \sigma^2_{gi})$$

$$TR_t^s = Y_t^{-\varphi_{trs}}(b_{t-1}/Y_{t-1})^{-\gamma_{trs}}e^{\varepsilon_t^{trs}}e^{\varepsilon_t^{tr}}, \varepsilon_t^{trs} = \rho_{trs}\varepsilon_{t-1}^{trs} + \eta_t^{trs}, \eta_t^{trs} \sim IIDN(0, \sigma^2_{trs})$$

$$TR_t^n = Y_t^{-\varphi_{trn}}(b_{t-1}/Y_{t-1})^{-\gamma_{trn}}e^{\varepsilon_t^{trn}}e^{\varepsilon_t^{tr}}, \varepsilon_t^{trn} = \rho_{trn}\varepsilon_{t-1}^{trn} + \eta_t^{trn}, \eta_t^{trn} \sim IIDN(0, \sigma^2_{trs})$$

$$\varepsilon_t^{tr} = \rho_{tr}\varepsilon_{t-1}^{tr} + \eta_t^{tr}, \eta_t^{tr} \sim IIDN(0, \sigma^2_{tr})$$

假定政府收入的税收政策遵循以下规则：

$$\tau_t^{cs} = Y_t^{\varphi_{\tau cs}}(b_{t-1}/Y_{t-1})^{\gamma_{\tau cs}}e^{\varepsilon_t^{\tau cs}}e^{\varepsilon_t^{\tau}}, \varepsilon_t^{\tau cs} = \rho_{\tau cs}\varepsilon_{t-1}^{\tau cs} + \eta_t^{\tau cs}, \eta_t^{\tau cs} \sim IIDN(0, \sigma^2_{\tau cs})$$

$$\tau_t^{cn} = Y_t^{\varphi_{\tau cn}}(b_{t-1}/Y_{t-1})^{\gamma_{\tau cn}}e^{\varepsilon_t^{\tau cn}}e^{\varepsilon_t^{\tau}}, \varepsilon_t^{\tau cn} = \rho_{\tau cs}\varepsilon_{t-1}^{\tau cn} + \eta_t^{\tau cn}, \eta_t^{\tau cn} \sim IIDN(0, \sigma^2_{\tau cs})$$

$$\varepsilon_t^{\tau c} = \rho_{\tau c}\varepsilon_{t-1}^{\tau c} + \eta_t^{\tau c}, \eta_t^{\tau c} \sim IIDN(0, \sigma^2_{\tau c})$$

$$\tau_t^l = Y_t^{\varphi_{\tau l}}(b_{t-1}/Y_{t-1})^{\gamma_{\tau l}}e^{\varepsilon_t^{\tau l}}, \varepsilon_t^{\tau l} = \rho_{\tau k}\varepsilon_{t-1}^{\tau l} + \eta_t^{\tau l}, \eta_t^{\tau l} \sim IIDN(0, \sigma^2_{\tau l})$$

$$\tau_t^k = Y_t^{\varphi_{\tau k}} \left(b_{t-1}/Y_{t-1} \right)^{\gamma_{\tau k}} e^{\varepsilon_t^{\tau k}}, \varepsilon_t^{\tau k} = \rho_{\tau k}\varepsilon_{t-1}^{\tau k} + \eta_t^{\tau k}, \eta_t^{\tau k} \sim \text{IIDN}(0, \sigma_{\tau k}^2)$$

在这些政策规则中，允许政府消费性支出、政府投资性支出、政府对储蓄者及非储蓄者的转移支付、各种税率对产出和滞后一期公债规模的变化做出反应。与 Leeper 等（2008）不同，本书设置 $\varphi_{gc} = 0.7686$、$\varphi_{gi} = 0.5784$、$\varphi_{trs} = 0.3273$、$\varphi_{trn} = 0.6125$、$\varphi_{\tau cs} = 0.8360$、$\varphi_{\tau cn} = 0.2994$、$\varphi_{\tau l} = 0.6542$、$\varphi_{\tau k} = 0.3244$。[①] 当公债规模高于最初的稳定状态水平时，未来的一种扭曲性税率就会提高，政府消费性支出和投资性支出就会减少，或者为了维持财政偿付能力而降低转移支付。

为了将每种财政工具的影响分离，在每个实验中，其中一个或两个 γ 值是非零的。例如，如果所有家庭的转移支付都被调整了，$\gamma_{trs} = 0.1693$、$\gamma_{trn} = 0.1745$，其他 γ 值都为零（$\gamma_{gc} = \gamma_{gi} = \gamma_{\tau cs} = \gamma_{\tau cn} = \gamma_{\tau l} = \gamma_{\tau k} = 0$），$\gamma$ 值的大小反映了抵消政策对公债政策的反应程度。[②]

我们会注意到财政变量的三种变化。首先，参照 Baxter 和 King（1990）的研究，存在有针对性的或主要的政策变化，这种变化会带来意想不到的冲击，而且这种冲击会被立即认为是永久性的。其次，将会有一些特殊的调整，这些调整将遵循本章第二节中提到的一些特殊规则，主体是完全知道这些规则的。最后，预算限制的其他组成部分可能有变动，这些变动既不是主要的政策，也不是专门的调整。这些变动将通过消费者和政府预算约束与资源总量约束的相互作用而产生自动稳定效应（来自政府消费性和投资性支出、支付转移支付和各项税收）。

公债及其融资在向新的稳定状态过渡的过程中所产生的动态效应，对于理解储蓄者和非储蓄者在过渡过程中如何筹措（或创造）公债至关重要。由于储蓄者和支出者并不总是一起融资（或创造）公债（大多数情况下是相反的），因此需要对公债负担进行更量化的分析。本书试图量化由储蓄者和非储蓄者提供公债资金的数额，以了解他们的相对的公债负担。本节的目的是计算由政策冲击和政策调整组合而成的公债的现值，并分析由储蓄者或非储蓄者提供的公债现值的部分。这是 Chung 和 Leeper（2007）、Leeper 等（2010，2011）一直在

---

① Leeper 等（2008）把各政府支出对产出的反应系数都设置为-1。

② 本章的模型和第四章相同，只不过第四章重点考察了暂时性政府支出扩张冲击对私人投资的影响。而本章为了将每种财政工具的影响分离，重点考察永久性财政政策变化下，储蓄者和非储蓄公债负担的变化情况，模型中相关参数的校准及估计同表4-14和表4-15。

探讨的一个主题。参照 Chung 和 Leeper（2007）的研究，我们推导出预算约束现值的对数线性化为：

$$\hat{b}_t = E_t \sum_{j=1}^{\infty} \beta^j \left(\begin{array}{l} \dfrac{\bar{T}^l}{\bar{b}}\hat{T}^l_{t+j} + \dfrac{\bar{T}^k}{\bar{b}}\hat{T}^k_{t+j} + \dfrac{\bar{T}^{cs}}{\bar{b}}\hat{T}^{cs}_{t+j} + \dfrac{\bar{T}^{cn}}{\bar{b}}\hat{T}^{cn}_{t+j} - \dfrac{\bar{G}^c}{\bar{b}}\hat{G}^c_{t+j} - \\[3mm] \dfrac{\bar{G}^i}{\bar{b}}\hat{G}^i_{t+j} - \dfrac{\bar{TR}^s}{\bar{b}}\hat{TR}^s_{t+j} - \dfrac{\bar{TR}^n}{\bar{b}}\hat{TR}^n_{t+j} - \dfrac{1}{\beta}\hat{R}_{t+j-1} + \dfrac{1}{\beta}\hat{\pi}_{t+j} \end{array} \right) \quad (5-2)$$

$\bar{T}^l$、$\bar{T}^k$、$\bar{T}^{cs}$、$\bar{T}^{cn}$、$\bar{G}^c$、$\bar{G}^i$、$\bar{TR}^s$、$\bar{TR}^n$ 和 $\bar{b}$ 分别代表劳动税收入、资本税收入、储蓄者支付的消费税收入、非储蓄者支付的消费税收入、政府消费性支出、政府投资性支出、对储蓄者转移支付、对非储蓄者转移支付、实际公债券的稳态值。

$\hat{T}^l_{t+j}$、$\hat{T}^k_{t+j}$、$\hat{T}^{cs}_{t+j}$、$\hat{T}^{cn}_{t+j}$、$\hat{G}^c_{t+j}$、$\hat{G}^i_{t+j}$、$\hat{TR}^s_{t+j}$、$\hat{TR}^n_{t+j}$、$\hat{R}_{t+j-1}$ 和 $\hat{\pi}_{t+j}$ 分别代表相应变量的变化百分比。

第二节　永久性财政政策变化的脉冲响应分析及公债负担的分配

本节将阐述一些永久性财政政策变化的脉冲响应及这些变化增加的公债由不同的筹资计划来融资时公债负担的分配情况。

表 5-1　面临不同冲击时政府消费性支出和投资性支出调整方式下公债负担的分配

冲击＼融资	G^c (1)	G^i (2)	TR (3)	TR^s (4)	TR^n (5)	T^k (6)	T^l (7)	τ^c (8)	T^cs (9)	T^cn (10)
面板 1：政府消费性支出 G^c 调整										
T^k (1)	−16.15	−20.92	−26.24	−13.47	−12.77	−114.89	−7.65	−4.97	−2.80	−2.18
T^l (2)	−5.34	−6.92	−8.67	−4.44	−4.22	−10.46	−22.97	−1.64	−0.92	−0.72
T^cs (3)	−0.55	−0.05	−0.61	−0.18	−0.44	0.32	−0.05	−3.72	−3.71	−0.01
T^cn (4)	−1.01	−1.31	1.21	−0.85	2.06	−1.99	0.50	−9.63	−0.18	−9.45
π (5)	5.24	6.72	8.03	3.88	4.14	10.48	2.38	1.56	0.81	0.74

续表

冲击／融资	Gᶜ (1)	Gⁱ (2)	TR (3)	TRˢ (4)	TRⁿ (5)	Tᵏ (6)	Tˡ (7)	τᶜ (8)	Tᶜˢ (9)	Tᶜⁿ (10)
面板1：政府消费性支出 Gᶜ 调整										
TRˢ (6)	-0.86	-1.11	-17.54	-16.86	-0.68	-1.68	-0.41	-0.26	-0.15	-0.12
TRⁿ (7)	-4.36	-5.65	-50.82	-3.60	-47.22	-8.52	-2.06	-1.34	-0.75	-0.59
Gᶜ (8)	-8.78	36.83	45.72	17.35	28.37	60.73	14.58	9.63	3.74	5.89
Gⁱ (9)	-4.87	-58.06	-7.86	-4.02	-3.85	-9.51	-2.30	-1.49	-0.83	-0.66
R (10)	-5.09	-6.56	-7.81	-3.79	-4.02	-10.20	-2.32	-1.51	-0.79	-0.72
Tˢ (11)	-22.05	-27.89	-35.52	-18.09	-17.43	-125.03	-30.67	-10.34	-7.43	-2.91
Tⁿ (12)	-6.36	-8.23	-7.46	-5.30	-2.16	-12.45	-22.47	-11.28	-1.10	-10.18
Fˢ (13)	-22.91	-29.00	-53.06	-34.95	-18.11	-126.71	-31.07	-10.60	-7.58	-3.02
Fⁿ (14)	-10.72	-13.88	-58.28	-8.89	-49.38	-20.96	-24.53	-12.61	-1.85	-10.77
G (15)	-12.19	-15.12	5.22	-26.06	31.27	-105.75	-6.55	2.01	-5.73	7.74
面板2：政府投资性支出 Gⁱ 调整										
Tᵏ (1)	228.33	99.79	304.80	124.33	180.48	188.24	95.46	62.87	26.55	36.32
Tˡ (2)	75.66	33.06	101.01	41.21	59.80	89.96	11.20	20.83	8.80	12.03
Tᶜˢ (3)	4.70	2.37	6.51	2.79	3.71	6.69	2.16	-2.26	-3.08	0.81
Tᶜⁿ (4)	14.18	6.20	21.78	7.71	14.07	16.86	6.90	-5.42	1.65	-7.06
π (5)	-66.81	-28.86	-89.53	-36.72	-52.81	-78.84	-28.00	-18.44	-7.84	-10.60
TRˢ (6)	12.23	5.34	0.18	-9.49	9.66	14.54	5.11	3.37	1.42	1.94
TRⁿ (7)	62.01	27.08	39.04	33.81	5.23	73.74	25.93	17.08	7.22	9.86
Gᶜ (8)	34.73	34.68	106.05	43.29	62.76	94.42	33.21	21.87	9.25	12.62
Gⁱ (9)	-150.79	-101.93	-207.15	-87.97	-119.18	-166.28	-64.17	-42.18	-18.69	-23.49
R (10)	64.74	27.96	86.73	35.56	51.17	76.41	27.13	17.86	7.59	10.27
Tˢ (11)	308.69	135.22	412.32	168.33	243.99	284.90	108.82	81.44	32.28	49.16
Tⁿ (12)	89.84	39.26	122.79	48.92	73.87	106.82	18.10	15.42	10.45	4.97
Fˢ (13)	320.92	140.56	412.50	158.85	253.65	299.44	113.94	84.80	33.70	51.11
Fⁿ (14)	151.85	66.35	161.84	82.73	79.11	180.56	44.03	32.50	17.67	14.83
G (15)	169.07	74.22	250.66	76.12	174.55	118.88	69.90	52.31	16.03	36.28

注：Tˢ 表示来自储蓄者的税收，Tⁿ 表示来自非储蓄者的税收，Fˢ 表示来自储蓄者的融资，Fⁿ 表示来自非储蓄者的融资，G=Fˢ−Fⁿ 表示两者负担差。表 5-2 至表 5-5 的字母表示与此相同。

表 5-2　面临不同冲击时在不同的财政政策调整方式下预算约束各部分的现值

冲击 ＼ 融资	G^c (1)	G^i (2)	TR (3)	TR^s (4)	TR^n (5)	T^k (6)	T^l (7)	τ^c (8)	T^{cs} (9)	T^{cn} (10)
面板 1：储蓄者和非储蓄转移支付 TR 同时调整										
T^k (1)	1.98	−9.78	−1.83	−3.40	1.57	−90.59	−0.03	0.04	−0.65	0.69
T^l (2)	0.64	−3.24	−0.61	−1.12	0.51	−2.43	−20.45	0.01	−0.21	0.23
T^{cs} (3)	−0.15	0.25	−0.08	0.04	−0.12	0.90	0.11	−3.61	−3.66	0.05
T^{cn} (4)	−2.11	−3.80	−0.16	−1.36	1.20	−5.14	0.06	−9.92	−0.29	−9.64
π (5)	−0.18	3.34	0.73	0.87	−0.14	3.15	0.11	0.06	0.17	−0.11
TR^s (6)	12.35	16.96	−0.32	−10.09	9.76	25.25	5.03	3.32	1.31	2.02
TR^n (7)	34.73	46.17	0.22	16.55	−16.33	69.64	14.05	9.28	3.57	5.71
G^c (8)	−44.03	−3.41	−0.64	−1.15	0.51	−2.55	−0.02	0.01	−0.22	0.23
G^i (9)	0.56	−54.73	−0.56	−1.00	0.44	−2.23	−0.02	0.01	−0.19	0.20
R (10)	0.18	−3.28	−0.72	−0.86	0.14	−3.07	−0.10	−0.05	−0.17	0.11
T^s (11)	2.47	−12.77	−2.52	−4.48	1.95	−92.13	−20.37	−3.56	−4.53	0.97
T^n (12)	−1.46	−7.04	−0.77	−2.48	1.71	−7.58	−20.39	−9.91	−0.50	−9.41
F^s (13)	14.83	4.18	−2.84	−14.56	11.72	−66.87	−15.33	−0.23	−3.22	2.99
F^n (14)	33.27	39.13	−0.55	14.07	−14.62	62.07	−6.34	−0.63	3.07	−3.70
G (15)	−18.44	−34.94	−2.29	−28.63	26.34	−128.94	−8.99	0.39	−6.29	6.68
面板 2：储蓄者转移支付 TR^s 调整										
T^k (1)	7.44	−11.77	5.88	0	5.88	−87.88	2.33	1.59	0.07	1.52
T^l (2)	2.44	−3.93	1.93	0	1.93	−1.57	−19.67	0.52	0.02	0.50
T^{cs} (3)	−0.26	−0.08	−0.21	0	−0.21	0.53	0.07	−3.64	−3.67	0.03
T^{cn} (4)	0.49	−0.71	3.25	0	3.25	−0.25	1.13	−9.21	0.00	−9.22
π (5)	−1.53	4.45	−1.21	0	−1.21	3.05	−0.48	−0.33	−0.01	−0.32
TR^s (6)	25.76	47.01	16.39	−3.98	20.36	61.99	10.41	6.88	2.63	4.25
TR^n (7)	1.93	−3.28	−42.25	0	−42.25	−1.38	0.61	0.41	0.02	0.40
G^c (8)	−42.20	−4.20	1.96	0	1.96	−1.76	0.78	0.53	0.02	0.51
G^i (9)	2.16	−55.42	1.70	0	1.70	−1.54	0.68	0.46	0.02	0.44
R (10)	1.52	−4.27	1.20	0	1.20	−2.87	0.48	0.33	0.01	0.31
T^s (11)	9.61	−15.78	7.60	0	7.60	−88.92	−17.27	−1.53	−3.58	2.06
T^n (12)	2.92	−4.63	5.17	0	5.17	−1.83	−18.54	−8.69	0.03	−8.72
F^s (13)	35.38	−62.79	−8.79	3.98	−12.77	−150.90	−27.68	−8.41	−6.21	−2.19

冲击＼融资	G^c (1)	G^i (2)	TR (3)	TR^s (4)	TR^n (5)	T^k (6)	T^l (7)	τ^c (8)	T^{cs} (9)	T^{cn} (10)
面板 2：储蓄者转移支付 TR^s 调整										
F^n (14)	4.85	−7.92	−37.08	0	−37.08	−3.20	−17.94	−8.28	0.04	−8.32
G (15)	30.52	−54.87	28.29	3.98	24.31	−147.70	−9.74	−0.13	−6.26	6.13

表 5-3　面临不同冲击时在不同的财政政策调整方式下预算约束各部分的现值

冲击＼融资	G^c (1)	G^i (2)	TR (3)	TR^s (4)	TR^n (5)	T^k (6)	T^l (7)	τ^c (8)	T^{cs} (9)	T^{cn} (10)
面板 1：非储蓄者转移支付 TR^n 调整										
T^k (1)	−3.28	−11.49	−9.01	−6.42	−2.59	−96.32	−2.26	−1.42	−1.29	−0.13
T^l (2)	−1.08	−3.80	−2.97	−2.11	−0.86	−4.31	−21.18	−0.47	−0.43	−0.04
T^{cs} (3)	−0.14	0.34	−0.06	0.05	−0.11	0.98	0.12	−3.61	−3.66	0.06
T^{cn} (4)	−3.99	−5.27	−2.68	−2.39	−0.29	−7.95	−0.73	−10.44	−0.51	−9.93
π (5)	1.21	3.67	2.64	1.68	0.96	4.55	0.70	0.44	0.34	0.10
TR^s (6)	−0.17	−0.61	−16.63	−16.49	−0.14	−0.69	−0.12	−0.07	−0.07	−0.01
TR^n (7)	56.94	66.45	29.79	28.55	1.23	105.42	23.32	15.39	6.14	9.25
G^c (8)	−45.80	−3.96	−3.06	−2.17	−0.89	−4.46	−0.77	−0.49	−0.44	−0.05
G^i (9)	−0.99	−55.21	−2.67	−1.89	−0.78	−3.89	−0.67	−0.42	−0.38	−0.04
R (10)	−1.19	−3.62	−2.60	−1.66	−0.94	−4.48	−0.69	−0.44	−0.34	−0.10
T^s (11)	−4.50	−14.95	−12.05	−8.49	−3.56	−99.65	−23.32	−5.50	−5.38	−0.12
T^n (12)	−5.07	−9.07	−5.65	−4.50	−1.15	−12.27	−21.91	−10.91	−0.93	−9.98
F^s (13)	−4.67	−15.56	−28.67	−24.98	−3.69	−100.34	−23.44	−5.58	−5.45	−0.13
F^n (14)	51.87	57.38	24.14	24.05	0.09	93.16	1.40	4.48	5.20	−0.73
G (15)	−56.54	−72.94	−52.81	−49.03	−3.78	−193.50	−24.84	−10.05	−10.65	0.60
面板 2：劳动税 τ^l 调整										
T^k (1)	1.45	−28.33	−1.47	−2.61	1.15	−107.42	−0.04	0.02	−0.50	0.52
T^l (2)	49.39	101.57	60.67	21.63	39.04	130.77	−0.84	12.98	4.70	8.28
T^{cs} (3)	−0.46	−0.59	−0.45	−0.09	−0.36	−0.08	−0.01	−3.69	−3.69	0
T^{cn} (4)	−2.24	−7.08	−0.15	−1.24	1.09	−8.15	0.04	−9.94	−0.26	−9.67
π (5)	−0.13	8.44	0.50	0.60	−0.11	7.69	0.07	0.03	0.12	−0.08

续表

冲击＼融资	G^c（1）	G^i（2）	TR（3）	TR^s（4）	TR^n（5）	T^k（6）	T^l（7）	τ^c（8）	T^{cs}（9）	T^{cn}（10）
面板2：劳动税τ^l调整										
TR^s（6）	0.07	−1.51	−16.23	−16.29	0.06	−1.28	0	0	−0.03	0.03
TR^n（7）	0.37	−7.63	−44.17	−0.68	−43.49	−6.50	−0.01	0	−0.13	0.13
G^c（8）	−44.20	−9.78	−0.50	−0.87	0.37	−8.33	−0.02	0.01	−0.17	0.17
G^i（9）	0.41	−60.28	−0.44	−0.76	0.32	−7.26	−0.01	0	−0.15	0.15
R（10）	0.13	−8.25	−0.49	−0.60	0.11	−7.50	−0.07	−0.03	−0.11	0.08
T^s（11）	50.38	72.65	58.75	18.92	39.82	23.27	−0.88	9.31	0.51	8.80
T^n（12）	47.15	94.49	60.51	20.38	40.13	122.62	−0.80	3.04	4.43	−1.39
F^s（13）	50.46	71.14	42.52	2.63	39.88	21.98	−0.88	9.31	0.48	8.83
F^n（14）	47.52	86.86	16.35	19.70	−3.35	116.11	−0.81	3.05	4.30	−1.26
G（15）	2.94	−15.72	26.17	−17.07	43.23	−94.13	−0.07	6.26	−3.82	10.09

表5-4　面临不同冲击时在不同的财政政策调整方式下预算约束各部分的现值

冲击＼融资	G^c（1）	G^i（2）	TR（3）	TR^s（4）	TR^n（5）	T^k（6）	T^l（7）	τ^c（8）	T^{cs}（9）	T^{cn}（10）
面板1：资本税τ^k调整										
T^k（1）	79.66	25.73	103.48	40.52	62.96	0.59	32.77	21.62	8.71	12.92
T^l（2）	−7.35	4.64	−12.12	−6.31	−5.81	−0.83	−23.96	−2.29	−1.31	−0.98
T^{cs}（3）	−1.51	0.26	−1.95	−0.76	−1.19	−0.04	−0.47	−3.99	−3.83	−0.16
T^{cn}（4）	−1.38	0.87	0.57	−1.20	1.77	−0.17	0.31	−9.75	−0.25	−9.50
π（5）	5.42	−3.71	8.88	4.60	4.28	0.59	2.58	1.68	0.96	0.72
TR^s（6）	−1.19	0.75	−18.10	−17.16	−0.94	−0.13	−0.57	−0.37	−0.21	−0.16
TR^n（7）	−6.01	3.81	−53.66	−5.13	−48.53	−0.65	−2.88	−1.87	−1.07	−0.80
G^c（8）	−52.37	4.87	−12.65	−6.57	−6.09	−0.84	−3.68	−2.39	−1.36	−1.03
G^i（9）	−6.71	−47.51	−11.03	−5.72	−5.31	−0.73	−3.21	−2.09	−1.19	−0.90
R（10）	−5.21	3.55	−8.57	−4.45	−4.12	−0.57	−2.49	−1.62	−0.92	−0.69
T^s（11）	70.80	30.63	89.41	33.45	55.96	−0.28	8.34	15.34	3.56	11.78
T^n（12）	−8.74	5.51	−11.55	−7.51	−4.04	−0.99	−23.65	−12.04	−1.56	−10.48
F^s（13）	69.61	31.38	71.31	16.29	55.02	−0.41	7.78	14.97	3.35	11.62

冲击＼融资	G^c (1)	G^i (2)	TR (3)	TR^s (4)	TR^n (5)	T^k (6)	T^l (7)	τ^c (8)	T^{cs} (9)	T^{cn} (10)
面板1：资本税 τ^k 调整										
F^n (14)	−14.75	9.31	−65.21	−12.64	−52.57	−1.64	−26.53	−13.91	−2.62	−11.29
G (15)	84.36	22.07	136.52	28.93	107.59	1.24	34.31	28.88	5.98	22.91
面板2：储蓄者和非储蓄者消费税 τ^c 同时调整										
T^k (1)	37.59	177.86	35.82	6.11	29.71	148.22	12.74	8.57	1.50	7.07
T^l (2)	12.40	58.70	11.82	2.02	9.80	76.40	−16.23	2.83	0.50	2.33
T^{cs} (3)	−9.61	−107.08	−6.45	1.14	−7.60	−131.60	−2.50	−5.40	−3.50	−1.90
T^{cn} (4)	−16.65	−198.14	−8.10	2.19	−10.29	−244.06	−3.56	−12.43	0.33	−12.77
π (5)	−10.44	−50.74	−10.12	−1.86	−8.25	−65.68	−3.58	−2.40	−0.45	−1.95
TR^s (6)	1.98	9.38	−14.26	−15.83	1.56	12.21	0.67	0.45	0.08	0.37
TR^n (7)	10.03	47.56	−34.19	1.65	−35.84	61.92	3.41	2.29	0.40	1.88
G^c (8)	−31.82	60.90	12.27	2.11	10.16	79.29	4.36	2.93	0.52	2.41
G^i (9)	11.20	1.34	10.70	1.84	8.85	69.13	3.80	2.56	0.45	2.10
R (10)	10.24	49.72	9.91	1.82	8.09	64.37	3.50	2.35	0.44	1.91
T^s (11)	40.38	129.48	41.19	9.28	31.91	93.02	−5.99	5.99	−1.51	7.50
T^n (12)	−4.25	−139.44	3.72	4.21	−0.49	−167.66	−19.79	−9.61	0.83	−10.44
F^s (13)	42.35	138.86	26.92	−6.55	33.48	105.23	−5.32	6.44	−1.43	7.87
F^n (14)	5.79	−91.88	−30.48	5.86	−36.34	−105.73	−16.39	−7.32	1.23	−8.55
G (15)	36.57	230.74	57.40	−12.41	69.81	210.97	11.07	13.76	−2.66	16.42

表5-5　面临不同冲击时在不同的财政政策调整方式下预算约束各部分的现值

冲击＼融资	G^c (1)	G^i (2)	TR (3)	TR^s (4)	TR^n (5)	T^k (6)	T^l (7)	τ^c (8)	T^{cs} (9)	T^{cn} (10)
面板1：储蓄者消费税 τ^{cs} 调整										
T^k (1)	17.75	26.12	17.79	3.76	14.03	−39.14	6.25	4.20	0.89	3.30
T^l (2)	5.85	8.61	5.87	1.24	4.62	14.56	−18.38	1.38	0.30	1.09
T^{cs} (3)	11.11	−5.10	15.97	7.19	8.78	−5.14	5.06	−0.37	−2.15	1.78
T^{cn} (4)	1.13	1.66	3.99	0.24	3.76	2.79	1.37	−9.05	0.06	−9.11
π (5)	−4.65	−7.14	−4.81	−1.13	−3.67	−11.86	−1.67	−1.12	−0.26	−0.85

续表

冲击 / 融资	G^c (1)	G^i (2)	TR (3)	TR^s (4)	TR^n (5)	T^k (6)	T^l (7)	τ^c (8)	T^{cs} (9)	T^{cn} (10)
面板1：储蓄者消费税 τ^{cs} 调整										
TR^s (6)	0.93	1.37	−15.22	−15.95	0.73	2.33	0.33	0.22	0.05	0.17
TR^n (7)	4.72	6.96	−39.03	1.01	−40.05	11.79	1.66	1.12	0.24	0.88
G^c (8)	−38.63	8.91	6.07	1.30	4.77	15.10	2.13	1.43	0.31	1.12
G^i (9)	5.26	−43.99	5.29	1.13	4.16	13.17	1.86	1.25	0.27	0.98
R (10)	4.54	6.97	4.69	1.10	3.59	11.59	1.63	1.09	0.26	0.84
T^s (11)	34.71	29.63	39.62	12.19	27.43	−29.72	−7.07	5.21	−0.96	6.17
T^n (12)	6.98	10.27	9.86	1.48	8.38	17.35	−17.00	−7.67	0.35	−8.02
F^s (13)	35.64	31.01	24.40	−3.76	28.17	−27.39	−6.74	5.43	−0.91	6.34
F^n (14)	11.70	17.23	−29.18	2.49	−31.67	29.14	−15.34	−6.55	0.59	−7.15
G (15)	23.94	13.78	53.58	−6.26	59.84	−56.53	8.60	11.99	−1.50	13.49
面板2：非储蓄者消费税 τ^{cn} 调整										
T^k (1)	−1.51	−26.62	−5.65	−4.45	−1.19	−107.76	−1.32	−0.82	−0.89	0.07
T^l (2)	−0.50	−8.79	−1.86	−1.46	−0.39	−8.09	−20.87	−0.27	−0.29	0.02
T^{cs} (3)	−0.50	−0.49	−0.51	−0.12	−0.39	−0.01	−0.02	−3.70	−3.70	0
T^{cn} (4)	46.54	83.19	61.98	22.33	39.65	109.87	19.84	3.14	4.82	−1.67
π (5)	0.65	7.84	1.62	1.10	0.52	7.67	0.41	0.26	0.22	0.04
TR^s (6)	−0.08	−1.41	−16.45	−16.38	−0.06	−1.29	−0.07	−0.04	−0.05	0
TR^n (7)	−0.40	−7.14	−45.26	−1.16	−44.10	−6.55	−0.35	−0.22	−0.23	0.02
G^c (8)	−45.19	−9.14	−1.90	−1.49	−0.41	−8.38	−0.45	−0.28	−0.30	0.02
G^i (9)	−0.45	−59.73	−1.66	−1.30	−0.36	−7.31	−0.39	−0.24	−0.26	0.02
R (10)	−0.64	−7.69	−1.59	−1.08	−0.50	−7.50	−0.40	−0.25	−0.22	−0.04
T^s (11)	−2.51	−35.90	−8.01	−6.03	−1.98	−115.86	−22.22	−4.79	−4.88	0.08
T^n (12)	46.04	74.39	60.12	20.87	39.25	101.78	−1.03	2.87	4.52	−1.65
F^s (13)	−2.59	−37.31	−24.46	−22.42	−2.04	−117.15	−22.29	−4.84	−4.93	0.09
F^n (14)	45.64	67.25	14.86	19.70	−4.84	95.23	−1.38	2.66	4.29	−1.64
G (15)	−48.22	−104.56	−39.32	−42.12	2.80	−212.38	−20.91	−7.49	−9.22	1.72

　　表5-1至表5-5展示了当面临1%的永久性外生冲击而导致公债增加时，公债预算约束的每一项组成部分现值变化情况。预算约束的每个组成部分的符

号都显示了它是增加债务还是为债务融资。如果预算约束的某个组成部分的符号为正，则预计该组成部分将移动以支持债务变化或为债务融资。^① 因此，当税收、转移支付或政府支出方面的符号为正，意味着它们为债务提供资金，而当符号相反时，它们又会增加债务。第（1）行到第（10）行显示，预算约束的每个组成部分是如何变化的。

第（11）行显示的是由储蓄者提供资金（或增加）的总税收负担，这是通过增加储蓄者资本税收入、劳动税收入和消费税收入获得的。第12行显示的是由非储蓄者提供资金（或增加）的总税收负担，这是通过增加非储蓄者劳动税收入、消费税收入获得的。第（13）行显示的是由储蓄者提供资金（或增加）的公债负担，这是通过增加储蓄者资本税收入、劳动税收入、消费税收入及减少转移支付获得的。第（14）行显示的是由非储蓄者提供资金（或增加）的债务负担，这是通过增加非储蓄者劳动税收入、消费税收入和减少转移支付获得的。第（15）行展示了储蓄者和非储蓄者所承担的债务负担之间的差距。我用差距（G）的符号和大小作为一个简单的衡量标准，来了解储蓄者和非储蓄者之间公债负担的分配情况。

一、产生类似债务负担的政策分析

（一）降低政府消费性支出来调整消费税导致的债务增加

政府通过降低消费性支出来调整消费税受到1%的永久性负向冲击所导致的债务增加，这意味着将取自表4-15的 γ 值设置为 $\gamma_{gc}=0.0329$，而将所有其他 γ 值都设置为零。通过图5-1和图5-2我们可以看出通过政府消费性支出来调整消费税受到1%的永久性负向冲击时各主要经济变量及相关政府收支变量的脉冲响应过程。政府消费税的意外减少将由未来政府消费性支出的减少来提供资金，这意味着消费品的价格降低，进而家庭的实际购买力提高，使储蓄家庭和非储蓄家庭的消费水平上升。对于储蓄家庭而言，一方面，由于其可以进行跨期消费，因此消费品价格下降会促使其将投资需求转向消费需求，故而导致其私人投资水平和资本存量下降。另一方面，由于消费水平的增加刺激了总需求，导

---

① 注意表中的转移支付的数值已经加了负号，因此如果表中转移支付的数值是正数，意味着它为公债融资，如果是负数，意味着它增加公债。

致产出增加，进而带动劳动需求前期增加。后期由于私人投资的持续减少，资本存量下降，因此产出减少，进而带动劳动需求减少。由于储蓄者减少投资，使资本存量减少，导致资本利用率也增加，从而引起预期资本收益率的增加。

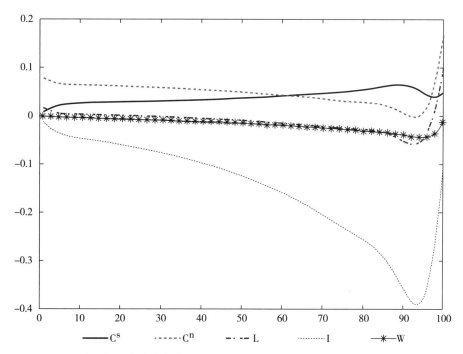

图 5-1　通过政府消费性支出来调整消费税受到 1% 的永久性负向冲击时的脉冲响应

虽然储蓄者和非储蓄者的消费都增加了，但是消费税下降了，由于消费税下降的幅度大于消费增加的幅度，因此两者支付的总消费税均下降，进而增加了债务。由于资本存量及资本税降低，导致总的资本税收降低。除了前 7 期外，两者获得的转移支付均增加，进而增加了债务。综合实际工资、劳动税和劳动投入的变化，劳动税收在前 6 期增加，之后下降。因此在前 6 期通过劳动税收为债务融资，之后又增加债务。

总而言之，总体上说两者并没有通过任何方式为债务融资，反而增加了债务。因此，政府通过消费性支出来调整消费税受到 1% 的永久性负向冲击所导致的债务增加，最终减轻了两者的债务负担，并没有承担任何债务。

表 5-1 面板 1 第（8）列显示了当消费税永久性降低并通过政府消费性支出来调整时的融资现值情况。我们可以得出相同的结论。所有家庭的税收支出

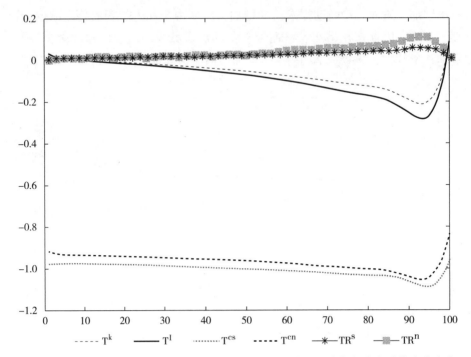

图5-2 通过政府消费性支出来调整消费税受到1%的永久性负向冲击时的脉冲响应

都下降，转移支付都增加。来自储蓄者的资本税收、劳动税收和消费税收都下降，来自非储蓄者的劳动税收和消费税收也下降，而其消费税收下降的幅度较大。所有家庭获得的转移支付都小幅增加。储蓄者承担的总税负现值为-10.34，非储蓄者承担的总税负现值为-12.61。储蓄者承担的公债负担现值为-10.6，非储蓄者承担的公债负担现值为-12.61。储蓄者和非储蓄者的公债负担差距相对非常小，为2.01。这表明他们都不承担公债，反而增加了公债。两者之间公债负担的情形是相似的。

（二）减少转移支付来调整政府消费性支出

政府消费性支出出现了1%的意外增长，这一增长立即被认为是永久性的，并且通过减少储蓄者和非储蓄者的转移支付来筹集资金。这意味着将取自表4-15的γ值设置为γ_trs=0.1693，γ_trn=0.1745，而将所有其他γ值都设置为零。这个实验与Baxter和King（1993）的相似，但与Leeper等（2010）或Traum和Yang（2010）不同，因为他们考虑了政府支出的临时变化。与他们不同的是，本书把政府支出分成政府消费性支出和政府投资性支出。通过图5-3和图5-4

我们可以看出，通过减少转移支付来调整政府消费性支出受到 1% 的永久性正向冲击时各主要经济变量及相关政府收支变量的脉冲响应过程。政府消费性支出的意外增加将由未来转移支付的减少来提供资金，这会产生巨大的负财富效应。储蓄者和支出者对此的反应都是在短期内减少消费和增加劳动时间。随着总劳动供给的增加，实际工资价格立即下降。但劳动供给的增加，使资本的边际生产曲线向上移动，从而短期内提高了实际利率。在短期内，由于巨大的负财富效应使储蓄者减少投资和资本积累，同时由于产出的增加，资本利用率也增加，从而引起预期资本收益率的增加。

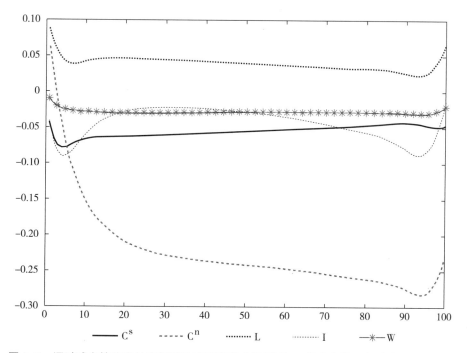

图 5-3 通过减少转移支付来调整政府消费性支出受到 1% 的永久性正向冲击时的脉冲响应

虽然储蓄者和非储蓄者的实际工资下降了，由于劳动时间的增加，最后导致总的劳动收入增加，因此两者都通过增加劳动税收来为债务融资。由于总体上储蓄者和非储蓄者的消费都下降，因此两者都通过消费税收的减少来增加债务。但是，由于非储蓄者对转移支付的变动更加敏感，其消费下降较快，因此，非储蓄者消费税收的减少增加了较多的债务。由于资本利用率、资本收益率和资本税的增加，尽管储蓄者的资本存量下降了，但是总的资本税收增加了。两

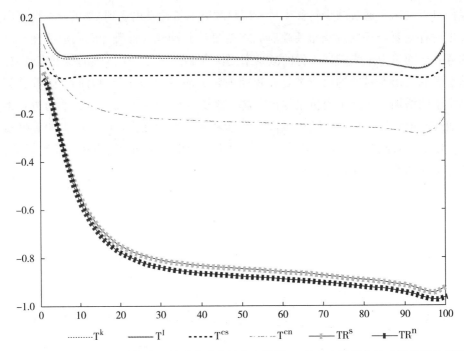

图 5-4　通过减少转移支付来调整政府消费性支出受到 1% 的永久性正向冲击时的脉冲响应

者获得的转移支付都减少，进而都通过转移支付为公债融资。

　　总而言之，储蓄者通过提高资本税、提高劳动税以及大幅减少转移支付来为债务融资，而非储蓄者通过提高劳动税以及比储蓄者更大幅度地减少转移支付来为债务融资。

　　表 5-2 面板 1 第（1）列显示了当政府消费性支出永久性增加并通过所有家庭的转移支付来调整时的融资现值情况。根据调整政策，两者的转移支付都逐渐下降。正如图 5-3 和图 5-4 所显示的那样，来自储蓄者的资本税收增加 1.28，劳动税收增加 0.64，但是当来自两者的消费税收都减少，来自非储蓄者的消费税收减少更多。储蓄者承担的总税负的现值为 2.47，非储蓄者承担的总税负现值为 -1.46。综合转移支付的减少，储蓄者和非储蓄者的公债负担差距相对较小。这表明他们在债务中所占比例相当，尽管非储蓄者承担的债务更多。因此，总体来说，两者之间的债务负担差距不大。

　　（三）通过提高劳动税来调整政府消费性支出

　　政府通过提高劳动税来调整政府消费性支出受到 1% 的永久性冲击所导致的

债务增加，这意味着将取自表 4-15 的 γ 值设置为 $\gamma_{ll} = 0.7205$，而将所有其他 γ
值都设置为零。通过图 5-5 和图 5-6 我们可以看出，通过提高劳动税来调整政
府消费性支出受到 1% 的永久性正向冲击时各主要经济变量及相关政府收支变量
的脉冲响应过程。

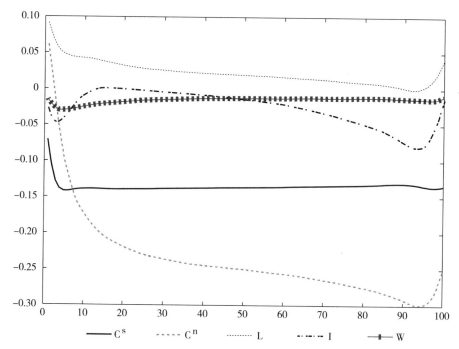

图 5-5　通过提高劳动税来调整政府消费性支出受到 1% 的永久性正向冲击的脉冲响应

　　政府消费性支出的意外增加将由未来劳动税的增加来提供资金，这会产生
巨大的负财富效应。储蓄者和支出者对此的反应都是大幅度减少消费和增加劳
动时间。随着总劳动供给的增加，实际工资价格下降。但劳动供给的增加，使
资本的边际生产曲线向上移动，从而提高了实际利率。在短期内，由于巨大的
负财富效应，储蓄者减少投资和资本积累，同时由于产出的增加，资本利用率
也随之增加，从而引起预期资本收益率的增加。

　　虽然储蓄者和非储蓄者的实际工资下降了，但由于劳动时间的大幅度增加，
最后导致总的劳动收入增加，因此两者都通过大幅度增加劳动税收来为债务融
资。由于总体上储蓄者和非储蓄者的消费都下降，因此两者都通过消费税收的
下降来增加债务。但是由于非储蓄者对劳动税的变动更加敏感，其消费下降较

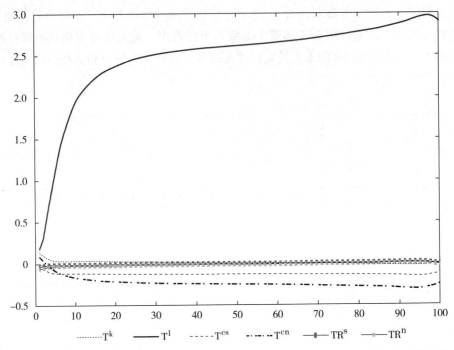

图 5-6　通过提高劳动税来调整政府消费性支出受到 1% 的永久性正向冲击的脉冲响应

快，因此，非储蓄者通过消费税收的减少较多。由于总体上资本利用率、资本收益率的增加以及资本税的先增加后降低，导致总的资本税收前几期微幅增加，之后微幅降低。两者的转移支付都微幅先减少后增加，进而先通过转移支付为债务融资后增加债务。

　　总而言之，储蓄者通过大幅提高劳动税收、微幅提高资本税收（第 70 期之前）以及微幅减少转移支付来为债务融资，而非储蓄者通过大幅提高劳动税收以及比储蓄者更大幅度地减少转移支付来为债务融资。

　　表 5-3 面板 2 第（1）列显示了当政府消费性支出永久性增加并通过提高劳动税来调整时的融资现值情况。根据调整政策，劳动税收大幅增加。资本税收入小幅增加 1.45，但是来自两者的消费税收都减少，来自非储蓄者的消费税收减少更多。储蓄者承担的总税负的现值为 50.38，非储蓄者承担的总税负现值为 47.52。综合转移支付的减少，使储蓄者和非储蓄者的公债负担差距相对非常小，为 2.94。这表明他们在债务中所占比例相当，公债负担都较重。两者之间的债务负担是相似的。

（四）提高劳动税来调整消费税

政府通过提高劳动税来调整消费税受到1%的永久性负向冲击所导致的债务增加，这意味着将取自表4-15的 γ 值设置为 $\gamma_{tl} = 0.7205$，而将所有其他 γ 值都设置为零。通过图5-7和图5-8我们可以看出通过提高劳动税来调整消费税受到1%的永久性负向冲击时各主要经济变量及相关政府收支变量的脉冲响应过程。政府消费税的意外减少将由未来劳动税的增加来提供资金，这会产生巨大的负财富效应。储蓄者和非储蓄者对此的反应都是大幅度减少消费和增加劳动时间。随着总劳动供给的增加，实际工资价格下降。但劳动供给的增加，使资本的边际生产曲线向上移动，从而提高了实际利率。在短期内，由于巨大的负财富效应储蓄者减少投资和资本积累，同时由于产出的增加，资本利用率也随之增加，从而引起预期资本收益率的增加。

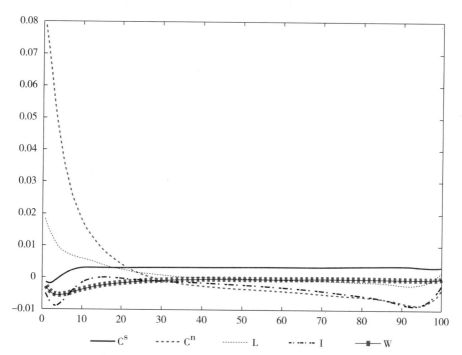

图5-7　通过提高劳动税来调整消费税受到1%的永久性负向冲击的脉冲响应

虽然储蓄者和非储蓄者的实际工资下降，但由于劳动时间的大幅度增加，最后导致总的劳动收入增加，因此两者都通过大幅度增加劳动税收来为债务融资。由于总体上储蓄者和非储蓄者的消费均下降，以及消费税的永久性负向冲击，因此两者的消费税收都微幅下降，进而增加了债务。但是由于非储蓄者对劳动税的变动更加敏感，其消费下降较快，通过消费税收的下降增加了较多的债务。由于总体上资本利用率、资本收益率的增加以及资本税的先微幅增加后微幅降低，导致总的资本税收先微幅增加，到后期微幅降低。两者的转移支付都先微幅减少后微幅增加，进而先通过转移支付为债务融资后增加了债务。

　　总而言之，两者都主要通过大幅提高劳动税收为债务融资，通过大幅幅度降低消费税收增加债务。

　　表5-3 面板2第（8）列显示了当消费税永久性增加并通过提高劳动税来调整时的融资现值情况。我们可以发现消费税收下降，劳动税收大幅下降。所有家庭获得的转移支付基本不变。储蓄者承担的总税负的现值为9.31，非储蓄者承担的总税负现值为3.04。储蓄者和非储蓄者的公债负担差距相对非常小，为6.26。这表明他们在债务中所占比例相当，公债负担都较轻。两者之间的债务负担是相似的。

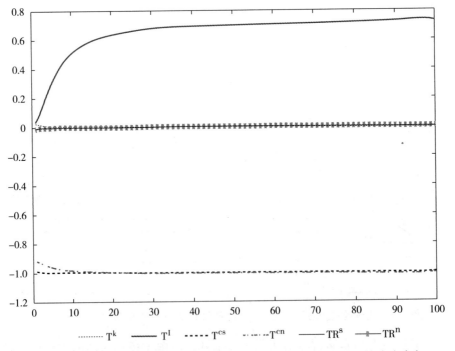

图5-8　通过提高劳动税来调整消费税受到1%的永久性负向冲击的脉冲响应

二、产生债务负担不均的政策分析

（一）减少政府投资性支出来调整转移支付

通过减少政府投资性支出来调整转移支付受到 1% 的永久性正向冲击所导致的债务增加，这意味着将取自表 5-14 的 γ 值设置为 $\gamma_{gi} = 0.0366$，而将所有其他 γ 值都设置为零。通过图 5-9 和图 5-10 我们可以看出，通过减少政府投资性支出来调整转移支付受到 1% 的永久性正向冲击时各主要经济变量及相关政府收支变量的脉冲响应过程。政府转移支付的意外增加意味着储蓄者和非储蓄者的可支配收入增加。对于储蓄者来说，可支配收入的增加，一方面可导致其消费和投资需求增加，另一方面政府对储蓄者和非储蓄者的转移支付正向冲击导致公债增加，这同样意味着政府未来会通过增加税收、减少转移支付来获取资金来平衡预算收支。由于储蓄家庭是理性消费者，预期这将导致储蓄者家庭收

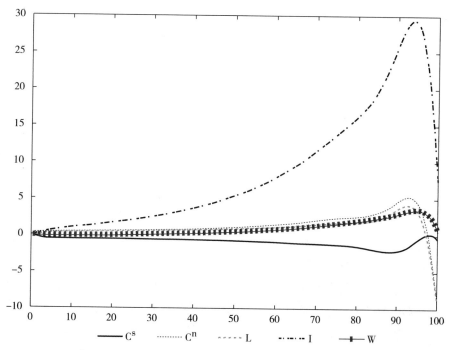

图 5-9 通过减少政府投资性支出来调整转移支付受到 1% 的永久性正向冲击的脉冲响应

入现值减少，进而储蓄者会进行预算平滑，减少一定的当期消费。总体来看，储蓄者的消费水平降低。对非储蓄者来说，由于无法进行资源的跨期替代，每期消费只能依赖于当期的劳动税后所得，因此其消费水平增加。非储蓄者的比重比较大，因此两者的总消费增加，进而带动产出增加，使储蓄者的私人投资及资本存量增加。产出的增加同时也带动劳动的需求和劳动供给的增加，在第27期内由于劳动供给弹性较大，因此实际工资下降。之后由于劳动供给弹性的缩小，导致实际工资上升。

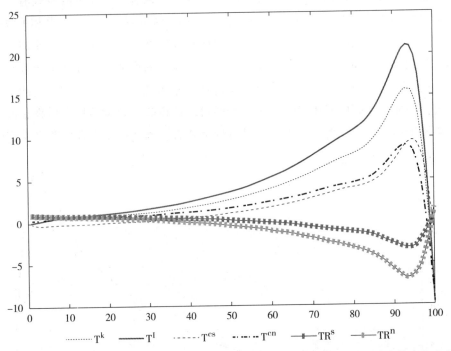

图 5-10　通过减少政府投资性支出来调整转移支付受到 1% 的永久性正向冲击的脉冲响应

按照财政调整规则，所有的税率均上升。储蓄者在第19期内消费水平下降的百分比小于其消费税上升的百分比，因此在短期内消费税收下降，进而增加了债务，之后消费税收上升，由此通过消费税收为债务融资。非储蓄者由于消费水平和消费税都上升，因此其支付的消费税收增加，通过此渠道为债务融资。由于资本存量、资本税大幅增加，导致总的资本税收增加幅度较大，因此储蓄者通过资本税收渠道为债务大量融资。两者的转移支付都先增加后减少，进而通过转移支付渠道先增加债务后为债务融资。综合实际工资下降的幅度小于劳动税和劳动投入增加的幅度，劳动税收增加。因此两者也通过劳动税收为债务融资。

总而言之，总体上储蓄者通过大幅增加资本税收和劳动税收，以及小幅增加消费税收和微幅减少转移支付来为债务融资；而非储蓄者通过大幅增加劳动税收、中幅增加消费税收和减少转移支付为债务融资。

表5-1面板2第（3）列显示了当转移支付永久提高并通过减少政府投资性支出来调整时融资现值情况。我们可以发现，资本和劳动税收的现值大幅下降，来自储蓄者和非储蓄者的消费税收现值上升。储蓄者获得的转移支付现值微幅下降，而非储蓄者获得转移支付现值大幅上升。储蓄者承担总税负的现值为412.32，非储蓄者承担的总税负现值为122.79。储蓄者承担公债的现值为412.50，非储蓄者承担的总税负现值为161.84。两者的债务负担相差悬殊，因此我们认为储蓄者和非储蓄者承担相当不平等的债务负担。

（二）通过提高储蓄者和非储蓄者的消费税来调整政府投资性支出

政府通过提高储蓄者和非储蓄者的消费税来调整政府投资性支出受到1%的永久性正向冲击所导致的债务增加，这意味着将取自表4-15的γ值设置为$\gamma_{\tau cs} = 0.6878$，$\gamma_{\tau cn} = 0.5054$，而将所有其他$\gamma$值都设置为零。通过图5-11和图5-12我们可以看出，通过同时提高储蓄者和非储蓄者的消费税来调整政府投资性支出受到1%的永久性正向冲击时各主要经济变量及相关政府收支变量的脉冲响应过程。政府投资性支出的意外增加导致公共资本存量的增加，将引致产出增加，进而带动储蓄者私人投资和资本存量的增加，同时劳动的需求也相应增加。随着总劳动供给的增加，实际工资价格立即下降。但劳动供给的增加，使资本的边际生产曲线向上移动，从而提高了实际利率，促进了投资和资本积累。政府投资性支出的意外增加将由未来消费税的增加来提供资金，这会产生巨大的负财富效应。储蓄者由于能够在消费和投资间进行时间平滑，对此的反应都是在短期内减少消费和增加劳动时间，经过一段时间后（第40期之后）由于储蓄者资本收入及总收入的增加，其消费开始增加。非储蓄家庭由于劳动供给的增加大于实际工资价格的降低，家庭收入预算增加，进而其消费也增加。两者的总消费是前6期减少，之后增加。

由于储蓄者消费水平的先下降后上升（第40期之前下降，第40期后上升），储蓄者消费税按照财政规则调整的结果是先上升后下降（第7期之前上升，第7期之后下降），两者综合变化的结果是储蓄者的消费税收大幅下降，从

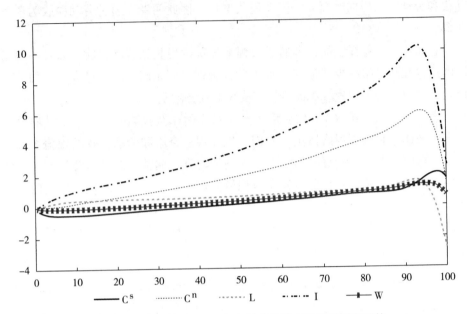

**图 5-11　通过同时提高储蓄者和非储蓄者的消费税来调整
政府投资性支出受到 1%的永久性正向冲击的脉冲响应**

而增加了大量的债务。由于非储蓄者消费水平的增加及其消费税按照财政规则
调整的结果是先上升后下降（第 6 期之前上升，第 6 期之后下降），两者综合变
化的结果是非储蓄者的消费税收先上升之后逐渐快速下降（第 7 期之前上升，
第 7 期之后下降），从而非储蓄者短期通过消费税收为债务融资，长期则通过消
费税收增加了大量的债务。由于资本存量及资本税的大幅度增加，导致总的资
本税收大幅增加，因此储蓄者通过资本税收渠道为债务提供了大量的融资。两
者的转移支付均减少，进而通过转移支付渠道也为债务融资。综合实际工资、
劳动税和劳动投入的变化，劳动税收增加。因此两者也通过劳动税收为债务
融资。

　　总而言之，储蓄者通过大幅提高资本税收、劳动税收以及大幅减少转移支
付来为债务融资，通过大幅度降低消费税收增加债务；而非储蓄者通过大幅度
提高劳动税收以及比储蓄者更大幅度地减少转移支付来为债务融资，通过更大
幅度降低消费税收增加债务，非储蓄者劳动税收的增加和转移支付的减少并不
能弥补消费税收的降低。

　　表 5-4 面板 2 第（2）列显示了增加政府投资性支出并通过提高储蓄者和

非储蓄者消费税来调整时融资现值的情况。我们可以发现，资本税收大幅上升、劳动税收中幅上升以及消费税收大幅下降。所有家庭获得的转移支付均下降，而非储蓄家庭获得的转移支付下降幅度较大。储蓄者承担总税负的现值为129.48，非储蓄者承担的总税负现值为－139.44。储蓄者承担公债的现值为138.86，非储蓄者承担的总税负现值为－91.88。储蓄者和非储蓄者公债负担的差距相对非常大。储蓄者承担了大量的公债，而储蓄者增加了大量的公债。因此两者的债务负担相差悬殊。

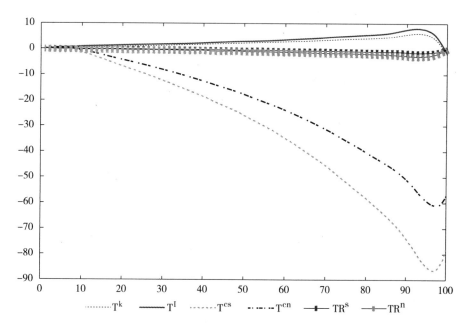

**图 5-12　通过同时提高储蓄者和非储蓄者的消费税来调整
政府投资性支出受到 1% 的永久性正向冲击的脉冲响应**

（三）通过提高资本税来调整政府消费性支出永久性

政府消费性支出永久性增加 1% 而导致的公债增加，通过储蓄者的资本收入渠道来融资。这意味着 $\gamma_{ik} = 0.2531$，其他的 γ 设为 0，这个实验与 Baxter 和 King（1993）相同，但是与 Leeper 等（2010）、Traum 和 Yang（2010）是不同的，因为他们考虑政府支出的临时变化。如图 5-13 和图 5-14 所示，通过提高资本税来调整政府消费性支出永久性增加 1% 时，主要经济变量的脉冲响应。预料之外的政府消费性支出增加，导致下一期的资本税增加，对储蓄者造成一个巨大的负财富效应。由于储蓄者支付的资本税增加，储蓄者的可支配收入减少，进而储蓄者的消费和投资下降、劳动投入增加。按照财政规则调整的结果是劳动税在第 8 期之后下降，因此使消费者的劳动投入增加。劳动供给的增加使实际工资下降。实际工资、劳动投入和劳动税综合变化的结果使税后劳动收入第 6 期之前上升，第 6 期之后下降，进而使非储蓄者的消费先上升（第 6 期之前）后下降。

尽管储蓄者资本存量降低，由于资本税大幅度增加，导致总的资本税收增加较多，因此储蓄者通过资本税收渠道为债务大量融资。储蓄者由于消费水平和消费税的下降，其消费税收下降，由此将增加债务。非储蓄者消费水平和消费税综合变化的结果使消费税收前 7 期增加，之后减少，因此非储蓄者前 7 期为债务融资，之后增加债务。两者的转移支付都先增加后减少，进而通过转移支付渠道先增加债务后为债务融资。劳动税前 7 期增加，之后下降，说明两者短期为债务融资，之后增加债务。

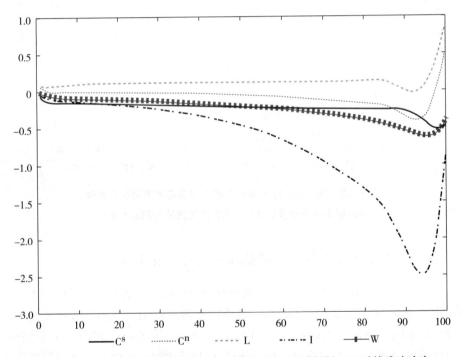

图 5-13　通过提高资本税来调整政府消费性支出永久性增加 1% 时的脉冲响应

总而言之，总体上储蓄者通过大幅增加资本税收为债务融资，通过小幅减少劳动税收、消费税收和增加转移支付来增加债务；非储蓄者则通过所有渠道来增加债务。因此两者的债务负担相差悬殊，储蓄者承担大量债务，而非储蓄者增加债务。

表5-4面板1第（1）列显示了当政府消费性支出提高并通过增加资本税来调整时融资现值的情况。我们可以发现，资本税收现值大幅上升，劳动税收的现值下降，储蓄者和非储蓄者的消费税收现值下降。储蓄者获得的转移支付现值微幅上升，而非储蓄者获得的转移支付现值比储蓄者更多。储蓄者承担总税负的现值为70.8，非储蓄者承担的总税负现值为-8.74。储蓄者承担公债的现值为69.61，非储蓄者承担的总税负现值为-14.75。两者的债务负担相差较大，因此储蓄者承担了大量的公债，而非储蓄者并没有承担公债，反而增加了公债。

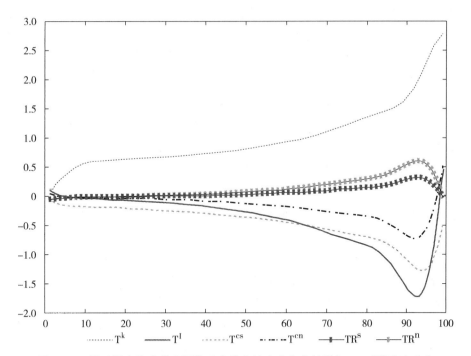

图 5-14　通过提高资本税来调整政府消费性支出永久性增加 1% 时的脉冲响应

（四）　通过提高非储蓄者消费税来调整资本税

政府通过提高非储蓄者的消费税来调整资本税受到1%的永久性负向冲击所

导致的债务增加，这意味着将取自表 4-15 的 γ 值设置为 $\gamma_{\tau cn} = 0.5054$，而将所有其他 γ 值都设置为零。通过图 5-15 和图 5-16 我们可以看出，通过提高非储蓄者消费税来调整资本税受到 1% 的永久性负向冲击时各主要经济变量及相关政府收支变量的脉冲响应过程。政府资本税的意外降低意味着储蓄者的资本税后净收益和可支配收入增加，从而使其消费需求增加、劳动投入减少。政府资本税的意外降低引起的资本税后净收益的增加中短期内会刺激储蓄者提高投资水平、增加资本存量。非储蓄者消费税的增加所产生的负财富效应，导致其消费水平大幅下降。由于非储蓄不能在生命周期内进行时间平滑，其消费下降的幅度大于储蓄者消费上升的幅度，因此总消费下降，进而导致产出在第 15 期后下降。产出的下降导致对劳动的需求下降。

储蓄者消费水平和消费税综合变化的结果是其消费税收先增加后减少（第 57 期之前增加，之后减少），从而先为债务融资后增加了债务。综合非储蓄者消费水平的下降及其消费税的增加，其消费税收增加（除第 1 期外），从而非储蓄者总体上通过消费税收为债务融资。由于资本存量、资本税、资本收益率和资本利用率的综合变化，导致总的资本税收减少，因此储蓄者通过资本税收渠道增加了债务。两者的转移支付都先减少后增加，进而通过转移支付渠道先为债务融资后增加债务。综合实际工资、劳动税和劳动投入的变化，劳动税减少。因此两者也通过劳动税收增加债务。

总而言之，总体上储蓄者通过大幅减少资本税收、中幅减少劳动税收、微幅减少消费税收和小幅增加转移支付来增加债务；而非储蓄者通过更大幅度地增加消费税收为债务融资，而通过减少劳动税收以及转移支付来增加债务。

表 5-5 面板 2 第（6）列显示了当资本税降低并通过提高非储蓄者的消费税来调整时的融资现值情况。我们可以发现，资本税收大幅下降，劳动税收小幅下降，非储蓄者的消费税收大幅上升，所有家庭获得的转移支付小幅上升。储蓄者承担总税负的现值为 -115.16，非储蓄者承担的总税负现值为 101.78。储蓄者承担公债的现值为 -117.15，非储蓄者承担的总税负现值为 95.23。储蓄者和非储蓄者公债负担的差距相对非常大。储蓄者增加了大量的公债，而储蓄者承担了大量的公债。因此两者的债务负担相差悬殊。

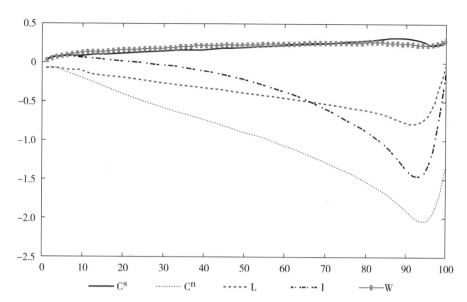

图 5-15 通过提高非储蓄者消费税来调整资本税受到 **1%** 的永久性负向冲击时的脉冲响应

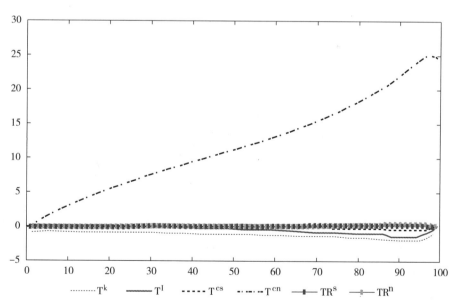

图 5-16 通过提高非储蓄者消费税来调整资本税受到 **1%** 的永久性负向冲击时的脉冲响应

三、总结说明

表 5-1 至表 5-5 展示了整套财政政策变化及其所有可能的融资方式对债务负担分配的动态影响。似乎有三种结果：第一种，在某些情况下，这两个群体要么提供资金，要么产生债务。第二种，在某些情况下，一个群体为债务提供资金，而另一群体则增加债务。第三种，一个群体承担全部债务负担，而另一个群体什么也不承担。有几个结果引人注目。

第一，政府消费性支出的永久增加带来更多的资本税收收入。由表 5-1 至表 5-5 第（1）列我们发现：政府消费性支出的永久性增加几乎总是增加资本税收收入的，除非它是通过调整非储蓄者的转移支付、非储蓄者的消费税或自行调整来筹集资金的。当降低非储蓄者的转移支付以资助政府消费性支出时，非储蓄者可支配收入下降，使其消费水平降低。由于非储蓄者的消费对可支配收入变动比较敏感，因此尽管第 65 期后储蓄者的消费水平增加，总消费仍下降，这使产出下降，从而使投资及资本存量下降，进而导致资本税收下降。当提高非储蓄者的消费税以资助政府消费性支出时，相对于非储蓄者消费品的价格上升，使其消费水平降低。储蓄者由于政府消费性支出的负财富效应，其消费、投资和资本积累都下降。按照既定的财政规则调整的结果，资本税在第 30 期之前上升，之后下降。因此使资本税收在第 30 期之前上升，之后下降。总资本税收是下降的。当政府消费性支出自身进行调整时，政府消费性支出调整的速度比较慢（$\gamma_{gc} = 0.0329$），因此第 60 期之前政府消费性支出仍是增加的，之后才开始减少。由于政府消费性支出的负财富效应，总消费、投资和资本积累都下降。

第二，劳动税和消费税的削减不能长期起作用。由表 5-1 至表 5-5 第（7）列和第（8）列我们发现：在几乎所有情况下（除了政府投资性支出调整），劳动税的削减在短期能增加劳动税收，但是不能长期增加劳动税收。总的劳动税收是减少的。这是因为削减劳动税并不能持续增加足够的税基来增加劳动税收（因为工资价格降低了）。但是在通过政府投资性支出降低进行调整时，总消费增加，同时由于政府投资性支出在第 22 期之后调整到上升，使总产出增加，进而带动劳动投入增加。因此政府投资性支出进行调整时，能持续增加足够的税基来增加劳动税收。从长远来看，无论是对储蓄者和非储蓄者都削减消费税还是对部分群体削减消费税，均不会起作用。在所有情况下，虽然消费税的削减会导致消费增加，但是消费增加的比例小于税收削减的比例，因此总体上还是不能导致消费税收增加。

第三，采用政府投资性支出的减少和资本税的增加来调整各种冲击加剧了储蓄者的债务负担。由表5-1的面板2和表5-4的面板1我们发现：采用政府投资性支出的减少和资本税的增加来调整各种冲击加剧了储蓄者的债务负担。政府投资性支出的减少使储蓄者的消费税增加，进而储蓄者的消费需求下降。由于政府投资性支出的减少也会产生正财富效应，使储蓄家庭短期的消费需求和投资需求上升。两者共同作用的结果是储蓄家庭的消费下降、投资和资本积累上升。非储蓄家庭由于其消费税的下降，消费需求上升。从而消费需求和投资需求的上升带动产出增加，进而劳动需求增加。总体上综合作用的结果使资本税收和劳动税收增加，并且资本税收增加较多，储蓄者承担了更多的债务负担。当采用资本税的增加来调整各种冲击时，由于非储蓄者没有任何资本和投资，这导致来自储蓄者的资本税收大幅度增加，而其他税收一般都减少。由于储蓄者资本税在总税负中占主导地位，最终导致储蓄者承担的公债负担较大。

第四，在冲击和调整之间切换策略会产生相反的结果。例如，当政府消费性支出增加且两项转移支付都进行调整时，资本税收和劳动税收都会增加，消费税收下降。当这两项转移支付都提升，并且调整政府消费性支出时，资本税收和劳动税收都会下降，消费税收上升。这是因为不同的财政政策产生的效果在时间和空间上是不同的。虽然政府消费性支出增加带来的负收入效应更具失真性，并使每个人在短期内从事更多的工作，增加了资本积累，但转移支付增加带来的正收入效应却使他们减少了工作并减少了资本积累。从长期来看，转移支付预期下降的财富效应（当政府消费性支出是主要政策时）促使税基进一步增加，而逐步削减政府支出的长期影响（当转移支付是主要政策时）则进一步降低税基。这个相反的结果适用于资本税—劳动税组合以及任何其他组合。

第五，特定群体的政策冲击通常会加剧债务负担的不平等。当储蓄者的转移支付和消费税受到1%的永久性冲击所导致的债务增加时，除了通过资本税和政府投资性支出来调整时，几乎都导致储蓄者的债务负担为负数，即储蓄者增加了债务，不承担债务负担而非储蓄者的债务负担为正数，即非储蓄者为债务融资，承担了债务。

当非储蓄者的转移支付和消费税受到1%的永久性冲击所导致的债务增加时，几乎都导致非储蓄者的债务负担为负数，即非储蓄者增加了债务，不承担债务负担而储蓄者的债务负担为正数，即储蓄者为债务融资，承担了债务。

总而言之，一般来说，针对特定群体的税收政策加剧了债务负担的不平等。

第三节　结论与启示

本章构建了异质家庭的新凯恩斯 DSGE 模型来讨论不同的公债融资政策及其可能的融资方案所导致的债务负担分配。本章借鉴了 Chung 和 Leeper（2009）、Leeper 等（2010，2011）的关于公债现值分配的计算方法。由于公债的分配取决于特定的产生公债的财政政策及其融资计划，因此本章分析了公债的财政政策及其融资计划的经济效应。虽然本书模型的异质性程度是有限的，没有充分考虑到厂商的异质性，而仅仅把企业分为最终产品生产厂商和中间产品厂商，但在有限的能力范围内，本章探讨了不同的公债融资政策及其可能的融资方案所导致的债务负担分配。本章还在政策制定者维持特定的公债目标方面，扩展了政策选项。最后，债务负担可能是一个政治敏感问题，但对于政策制定者来说了解债务的负担是很重要的。

通过研究得出以下结论与启示：

第一，整套财政政策变化及其所有可能的融资方式对债务负担分配的动态影响有三种结果：第一种，在某些情况下，这两个群体要么提供资金，要么产生债务。第二种，在某些情况下，一个群体为债务提供资金，而另一群体则增加债务。第三种，一个群体承担全部债务负担，而另一个群体什么也不承担。

第二，有几个结果引人注目。政府消费性支出的永久增加带来更多的资本税收收入。劳动税和消费税的削减在短期不能增加税基，因此能增加劳动税基和消费税基，但是长期不能起作用。政府消费性支出的扩张将引致更多的资本税收。通过减少政府投资性支出和提高资本税来调整各种财政冲击加剧了储蓄者的债务负担。财税政策具有不对称性，在冲击和调整之间切换策略会产生相反的结果，因此，政府可以利用这一结论来相机制定不同的财政冲击和调节政策。特定群体的政策冲击通常会加剧债务负担的不平等。因此，政府可以利用这一结论来调整储蓄者和非储蓄者的公债负担分配。

第三，由于非储蓄者花掉了全部可支配收入，对其转移支付的调整不再无足轻重。一般来说，非储蓄者获得转移支付的减少对他们的消费和劳动有直接的负面影响。此外，由于这两类人都参与了劳动力市场，转移支付也影响了储蓄者的消费。

第四，比较各类政府支出和税率的永久性变化对主要宏观经济变量的脉冲响应结果，可发现不同结构的财政支出和财税税收的脉冲响应存在显著差异，政府在进行宏观财政调控时应根据不同支出工具经济效应的差异及不同阶段的政策调控目标审慎选择恰当的财政工具以避免无效的政策刺激可能导致的政府债务规模累积。

参考文献

[1] Abbas S. M. A. , Christensen J. E. The Role of Domestic Debt Markets in Economic Growth: An Empirical Investigation for Low-Income Countries and Emerging Markets [R]. IMF Staff Papers, 2010, 57 (1): 209-255.

[2] Ahlborn M. , Schweickert R. Public Debt and Economic Growth: Economic Systems Matter [J]. International Economics and Economic Policy, 2018, 15 (2): 373-403.

[3] Aizenman J. , Noy I. Prizes for Basic Research: Human Capital, Economic Might and the Shadow of History [J]. Journal of Economic Growth, 2007, 12 (3): 261-282.

[4] Aschauer D. A. Do States Optimize? Public Capital and Economic Growth [J] . The Annals of Regional Science , 2000, 34 (3): 343-363.

[5] Bal. D. P. , Rath B. N. Public Debt and Economic Growth in India: A Reassessment [J]. Economic Analysis and Policy, 2014, 44 (3): 292-300.

[6] Barro R. J. , Salaimartin X. Technological Diffusion, Convergence, and Growth [J]. Journal of Economic Growth, 1995, 2 (1): 1-26.

[7] Barro R. J. , Salaimartin X. Economic Growth [M] . Cambridge, MA: MIT Press, 2004.

[8] Barro R. J. Are Government Bonds Net Wealth? [J]. Journal of Political Economy, 1974, 82 (6): 1095-1117.

[9] Baxter M. , King R. G. Fiscal Policy in General Equilibrium [J] . The American Economic Review, 1990, 83 (3): 315-334.

[10] Berben R. P. , Brosens T. The Impact of Government Debt on Private Consumption in OECD Countries [J]. Economics Letters, 2007, 94 (2): 220-225.

[11] Bernheim B. D. A Neoclassical Perspective on Budget Deficits [J]. Journal of Economic Perspectives, 1989, 3 (2): 55-72.

［12］ Bhattacharya R. Private Sector Consumption Behavior and Non-Keynesian Effects of Fiscal Policy ［R］. IMF Working Papers, 1999, 99/112.

［13］ Bowen W. G., Davis R. G., Kopf D. H. The Public Debt: A Burden on Future Generations? ［J］. American Economic Review, 1960, 50 (4): 701-706.

［14］ Buchanan J. M. Public Principles of Public Debt: A Defonse and Restatement ［M］. Homewood: Richand D. Irwin, 1958.

［15］ Cecchetti S., Mohanty M., Zampolli F. The Real Effects of Debt ［J］. Social Science Electronic Publishing, 2011, 68 (3): 145-196.

［16］ Chang C., Chen K., Waggoner D. F., et al. Trends and Cycles in China's Macroeconomy ［J］. Nbor Macroeconomy Annual Publishing, 2016, 30 (1): 1-84.

［17］ Checherita Westphal C., Rother P. The Impact of High Government Debt on Economic Growth and Its Channels: An Empirical Investigation for the Euro Area ［J］. European Economic Review, 2012, 56 (7): 1392-1405.

［18］ Chung H., Leeper E. M. What Has Financed Government Debt ［R］. National Bureau of Economic Research, Working Paper, 2007.

［19］ Colletaz G., Hurlin C. Threshold Effects in the Public Capital Productivity: An International Panel Smooth Transition Approach ［J］. PostPrint, 2006.

［20］ Delong J. B., Summers L. H., Ramey M. F. A. Fiscal Policy in a Depressed Economy ［J］. Brookings Papers on Economic Activity, 2012: 233-297.

［21］ Diamond P. A. Public Debt in a Neoclassical Growth Model ［J］. American Economic Review, 1965, 55 (5): 1126-1150.

［22］ Dogan I., Bilgili F. The Non-linear Impact of High and Growing Government External Debt on Economic Growth: A Markov Regime-switching Approach ［J］. Economic Modelling, 2014: 213-220.

［23］ Domar E. D. The "Burden of the Debt" and the National Income ［J］. American Economic Review, 1944, 34 (4): 798-827.

［24］ Dornbusch R., Fischer S., Startz S. Macroeconomics ［M］. New York: McGraw-Hill, 2011.

［25］ Eberhardt M., Presbitero A. F. Public Debt and Growth: Heterogeneity and Non-linearity ［J］. Journal of International Economics, 2015, 97 (1): 45-58.

［26］ Égert B. The 90% Public Debt Threshold: The Rise & Fall of a Stylized

Fact [J] . Applied Economics, 2015, 47 (34-35): 3756-3770.

[27] Elmendorf D. W. , Mankiw G. N. Government Debt [J] . Handbook of Macroeconomics, 1999 (1): 1615-1669.

[28] Fok D. , Van Dijk D. , Franses P. H. A Multi-level Panel STAR Model for US Manufacturing Sectors [J]. Journal of Applied Econometrics, 2005, 20 (6): 811-827.

[29] Fouquau J. , Hurlin C. , Rabaud I. The Feldstein-Horioka Puzzle: A Panel Smooth Transition Regression Approach [J] . Economic Modelling, 2008, 25 (2): 284-299.

[30] Gali J. , Lopezsalido J. D. , Valles J. Understanding the Effects of Government Spending on Consumption [J]. Journal of the European Economic Association, 2007, 5 (1): 227-270.

[31] Gonzalez A. , Teräsvirta T. , Van Dijk D. , Yang Y. Panel Smooth Transition Regression Models [R] . Working Paper Serials in Economics and Finance, 2017.

[32] Greiner A. Debt and Growth: Is There a Non-monotonic Relation? [J]. SSRN Electronic Journal, 2012, 33 (1): 340-347.

[33] Gupta K. L. Ricardian Equivalence and Crowding out in Asia [J]. Applied Economics, 1992 (24): 19-25.

[34] Hansen B. E . ThresholdEffects in Non-dynamic Panels: Estimation, Testing, and Inference [J]. Journal of Econometrics, 1999, 93 (2): 345-368.

[35] Kydland F. E. , Prescott E. C. Time to Build and Aggregate Fluctuations [J]. Econometrica, 1982, 50 (6): 1345-1370.

[36] Hansen B. E. Sample Splitting and Threshold Estimation [J]. Econometrica, 2000, 68 (3): 575-603.

[37] Haque N. U. , Montiel P. Consumption in Developing Countries: Tests for Liquidity Constraints and Finite Horizons [J] . The Review of Economics and Statistics, 1989, 71 (3): 408-415.

[38] Herndon T. , Ash M. , Pollin R . Does High Public Debt Consistently Stifle Economic Growth? A Critique of Reinhart and Rogoff [J]. Cambridge Journal of Economics, 2014, 38 (2): 257-279.

[39] Higgins P. , Zha T. China's Macroeconomic Time Series: Methods and Implications [R] . Unpublished Manuscript, Federal Reserve Bank of Atlanta, 2015.

［40］ Hüfner F. , Koske I. Explaining Household Saving Rates in G7 Countries: Implications for Germany ［R］. OECD Economics Department Working Papers, 2010.

［41］ Isaksson A. World Productivity Database: A Technical Description ［R］. RST Staff Working Paper, 2007.

［42］ Ismihan M. , Ozkan F. G. Public Debt and Financial Development: A Theoretical Exploration ［J］. Economics Letters, 2012, 115 （3）: 348-351.

［43］ Issler J. V. , Lima L. R . Public Debt Sustainability and Endogenous Seigniorage in Brazil: Time-series Evidence from 1947 - 1992 ［J］. Journal of Development Economics, 2000, 62 （1）: 131-147.

［44］ Jayaraman T. K. , Lau E . Does External Debt Lead to Economic Growth in Pacific Island Countries ［J］. Journal of Policy Modeling, 2009, 31 （2）: 272-288.

［45］ Miao J. , Peng T. Business Cycles and Macroeconomic Policies in China: Evidence from an Estimated DSGE Model ［J］. Social Science Electronic Publishing, 2011.

［46］ Khalid A. M. Ricardian Equivalence: Empirical Evidence from Developing Economies ［J］. Journal of Development Economics, 1996, 51 （2）: 413-432.

［47］ Kormendi R. C. Government Debt, Government Spending, and Private Sector Behavior ［J］. American Economic Review, 1983, 73 （5）: 994-1010.

［48］ Kourtellos A. , Stengos T. , Tan C. M. , et al. Structural Threshold Regression ［J］ . Econometric Theory, 2016, 32 （4）: 827-860.

［49］ Lee S. , Han J. W. , Leeper L. , et al. Regulation of the Formation and Trafficking of Vesicles from Golgi by PCH Family Proteins During Chemotaxis ［J］. Biochimica Biophysica Acta , 2009, 1793 （7）: 1199-1209.

［50］ Leeper E. M. , Plante M. , Traum N. , et al. Dynamics of Fiscal Financing in the United States ［J］. Journal of Econometrics, 2010, 156 （2）: 304-321.

［51］ Leeper E. M. , Walker T. B. , Yang S. C. S. , et al. Fiscal Foresight: Analytics and Econometrics ［R］. Nber Working Papers, 2008.

［52］ Leiderman L. , Razin A. Foreign Trade Shocks and the Dynamics of High Inflation: Israel, 1978-1985 ［J］. Journal of International Money and Finance, 1988, 7 （4）: 411-423.

［53］ Lof M. , Malinen T. Does Sovereign Debt Weaken Economic Growth? A Panel VAR Analysis ［J］. Economics Letters, 2014, 122 （3）: 403-407.

［54］ Mankiw N. G. , Weinzierl M. Dynamic Scoring: A Back-of-the-Envelope Guide [J]. Journal of Public Economics, 2006, 90 (8): 1415-1433.

[55] Minea A., Parent A. Is High Public Debt Always Harmful to Economic Growth? Reinhart and Rogoff and Some Complex Nonlinearities [R]. Working Paper, 2012.

[56] Mitze T., Matz F. Public Debt and Growth in German Federal States: What can Europe Learn? [J]. Journal of Policy Modeling, 2015, 37 (2): 208-228.

[57] Modigliani F. Long-Run Implications of Alternative Fiscal Policies and the Burden of the National Debt [J]. The Economic Journal, 1961, 71 (284): 730-755.

[58] Mukherjee S., Bhattacharya R. Private Sector Consumption and Government Consumption and Debt in Advanced Economies: An Empirical Study [R]. IMF Working Papers, 2010, 10 (264).

[59] Nimark K. A Structural Model of Australia as a Small Open Economy [J]. Australian Economic Review, 2010, 42 (1): 24-41.

[60] Oliver R. New Evidence on the Private Saving Offset and Ricardian Equivalence [J]. OECD Economics Department Working Papers, 2010 (762).

[61] Osinubi T. S., Dauda R. O. S., Olaleru O. E. Budget Deficits, External Debt and Economic Growth in Nigeria [J]. Singapore Economic Review, 2010, 55 (3): 491-521.

[62] Pattillo C. A., Poirson H., Ricci L. A. External Debt and Growth [R]. IMF Working Papers, 2002.

[63] Pattillo C. A., Poirson H., Ricci L. A. What are the Channels through Which External Debt Affects Growth? [R]. IMF Working Papers, 2004.

[64] Proano C., Schoder C., Semmler W., et al. Financial Stress, Sovereign Debt, and Economic Activity in Industrialized Countries: Evidence from Dynamic Threshold Regressions [J]. Journal of International Money and Finace, 2014: 17-37.

[65] Puenteajovin M., Sansonavarro M. Granger Causality between Debt and Growth: Evidence from OECD Countries [J]. International Review of Economics and Finance, 2015, 35 (35): 66-77.

[66] Rahman M. S. Who Bears the Public Debt Burden and How? Understanding the Distribution of Public Debt Burden [D]. Dhahran: King Fahd University of Petroleum and Minerals, 2012.

[67] Ramzan M., Ahmad E. External Debt Growth Nexus: Role of Macroeco-

nomic Polices [J]. Economic Modelling, 2014, 38 (2): 204-210.

[68] Reinhart C. M. , Rogoff K. S. Growth in a Time of Debt [J]. American Economic Review, 2010, 100 (2): 573-578.

[69] Saintpaul G. Fiscal Policy in an Endogenous Growth Model [J]. Quarterly Journal of Economics, 1992, 107 (4): 1243-1259.

[70] Salaimartin X. , Gernot D. , Ronald I. M. Determinants of Long – term Growth: A Bayesian Averaging of Classical Estimates (BACE) Approach [J]. American Economic Review, 2004, 94 (4): 813-835.

[71] Samuelson P. A . An Exact Consumption-loan Model of Interest with or Without the Social Contrivance of Money [J]. Journal of Political Economy, 1958, 66 (6): 467-482.

[72] Schclarek A . Debt and Economic Growth in Developing and Industrial Countries [R] . Lund University Department of Economics Working Paper, 2004.

[73] Smets F. , Wouters R. An Estimated Dynamic Stochastic General Equilibrium Model of the Euro Area [J]. Journal of the European Economic Association, 2003, 1 (5): 1123-1175.

[74] Spilioti S. , Vamvoukas G . The Impact of Government Debt on Economic Growth: An Empirical Investigation of the Greek Market [J]. Journal of Economic Asymmetries, 2015, 12 (1): 34-40.

[75] Knot K. , Haan J. D. Fiscal Policy and Interest Rates in the European Community [J]. European Journal of Political Economy, 1995, 11 (1): 171-187.

[76] Tanzi V. , Chalk N. Impact of Large Public Debt on Growth in the EU: A Discussion of Potential Channels [J] . European Economy, 2000 (2): 23-43.

[77] Teles V. K. , Mussolini C. C. Public Debt and the Limits of Fiscal Policy to Increase Economic Growth [J]. European Economic Review, 2014, 66 (1): 1-15.

[78] Tobin J. A General Equilibrium Approach to Monetary Theory [J]. Journal of Money, Credit and Banking, 1969, 1 (1): 15-29.

[79] Traum N. , Yang S. C. S. When Does Government Debt Crowd Out Investment? [J]. Journal of Applied Econometrics, 2015, 30 (1): 24-45.

[80] Panizza U. , Presbitero A. F. Public Debt and Economic Growth: Is There a Causal Effect? [J]. Journal of Macroeconomics, 2014, 41 (41): 21-41.

[81] Vamvoukas G. A. The Relationship between Budget Deficits and Current

Account ［J］. Archives of Economic History，2001（12）：57-76.

［82］ Vamvoukas G. A. Budget Deficits and Interest Rates in a Small Open Economy-Another Look at the Evidence：Reply ［J］. International Economic Journal，2002（16）：31-36.

［83］ Vickrey W. The Burden of the Public Debt：Comment ［J］. The American Economic Review，1961，51（1）：132-137.

［84］ Teles V. K.，Mussolini C. C. Public Debt and the Limits of Fiscal Policy to Increase Economic Growth ［J］. European Economic Review，2014：1-15.

［85］ Ward H. P.，Ricci L. A.，Pattillo C. A. What Are the Channels Through Which External Debt Affects Growth? ［R］. IMF Working Papers，2004，4（15）.

［86］ Ward H. P.，Ricci L. A.，Pattillo C. A. External Debt and Growth ［J］. Review of Economics and Institutions，2011，2（3）.

［87］ Woo J.，Kumar M. S. Public Debt and Growth ［J］. Economica，2015，82（328）：9-13.

［88］ Yasuharu I. Fiscal Policy in an Estimated DSGE Model of the Japanese Economy：Do Non-Ricardian Households Explain All? ［R］. Esri Discussion Paper，2009.

［89］《社会主义财政学》编写组. 社会主义财政学 ［M］. 北京：中国财政经济出版社，1987.

［90］ 陈昆亭，龚六堂. 粘滞价格模型以及对中国经济的数值模拟——对基本 RBC 模型的改进 ［J］. 数量经济技术经济研究，2006，23（8）：106-117.

［91］ 陈默. 我国国债、政府支出的宏观经济效应研究 ［D］. 长春：吉林大学博士学位论文，2014.

［92］ 陈强. 高级计量经济学及 Stata 应用（第2版）［M］. 北京：高等教育出版社，2013.

［93］ 崔兴芳. 国债筹资对民间投资和消费的经济效应实证分析 ［J］. 广东财经职业学院学报，2006（4）：11-15.

［94］ 段磊. 基于 DSGE 模型的我国货币政策传导机制有效性研究 ［D］. 沈阳：辽宁大学博士学位论文，2018.

［95］ 龚仰树. 国内国债的经济分析与政策选择 ［M］. 上海：上海财经大学出版社，1998.

［96］ 郭步超，王博. 政府债务与经济增长：基于资本回报率的门槛效应分

析［J］. 世界经济，2014（9）：95-118.

［97］郭宏宇，吕风勇. 我国国债的财富效应探析——1985~2002 年间我国国债规模对消费需求影响的实证研究［J］. 财贸研究，2006（1）：53-58.

［98］郭庆旺，赵志耘. 财政理论与政策［M］. 北京：经济科学出版社，2003.

［99］郭庆旺，吕冰洋，何乘材. 李嘉图等价定理的实证分析：协整方法［J］. 财政研究，2003（9）：11-13.

［100］郭豫媚，陈伟泽，陈彦斌. 中国货币政策有效性下降与预期管理研究［J］. 经济研究，2016（1）：28-41.

［101］何盛明. 财经大辞典（上）［M］. 北京：中国财政经济出版社，1990.

［102］雷曜，张翔. 利率角度来看我国国债发行的挤出效应［J］. 金融发展研究，2009（11）：5-9.

［103］类承曜. 国债的理论分析［M］. 北京：中国人民大学出版社，2002.

［104］李嘉图. 政治经济学及赋税原理［M］. 北京：华夏出版社，2005.

［105］李剑平. 中国国债经济绩效的实证研究［D］. 哈尔滨：哈尔滨工业大学硕士学位论文，2005.

［106］李朋林. 我国举借国债对资本形成的影响——一个均衡模型［J］. 生产力研究，2006（9）：97-99.

［107］李向阳. 动态随机一般均衡（DSGE）模型理论、方法和 Dynare 实践［M］. 北京：清华大学出版社，2018.

［108］李玉双. 大国财政政策的宏观经济效应［M］. 上海：格致出版社，2015.

［109］李中义. 经济增长中的国债效应研究［D］. 长春：吉林大学博士学位论文，2006.

［110］刘斌. 动态随机一般均衡模型及其应用（第 2 版）［M］. 北京：中国金融出版社，2014.

［111］刘洪钟，杨攻研，尹雷. 政府债务、经济增长与非线性效应［J］. 统计研究，2014，31（4）：29-38.

［112］刘华. 公债的经济效应研究［M］. 北京：中国社会科学院出版社，2002.

［113］刘金全，王俏茹. 最终消费率与经济增长的非线性关系——基于

PSTR 模型的国际经验分析 [J]．国际经贸探索，2017，33（3）：41-56.

[114] 刘溶沧，马拴友．赤字、国债与经济增长关系的实证分析 [J]．经济研究，2001（2）：13-20.

[115] 刘忠敏，李双，陆宇欣等．公债效应研究综述 [J]．经济师，2018（3）：65-66.

[116] 刘忠敏，马树才，回宝祥．国债的支出方向对国债的代际负担影响研究 [J]．统计教育，2009（10）：55-57.

[117] 刘忠敏，马树才．公债对经济增长的影响及影响渠道：国际证据 [J]．世界经济研究，2015（2）：23-31.

[118] 刘忠敏，马树才．中国国债对经济增长的效率研究 [J]．商业经济研究，2013（27）：61-63.

[119] 刘忠敏．中国国债经济效应的计量分析 [D]．长春：辽宁大学博士学位论文，2009.

[120] 马树才，刘忠敏．国债对民间消费效率的计量分析——基于协整和 ECM 模型的检验 [J]．当代经济管理，2009（7）：73-75.

[121] 马文涛，魏福成．基于新凯恩斯动态随机一般均衡模型的季度产出缺口测度 [J]．管理世界，2011（5）：39-65.

[122] 梅冬州，龚六堂．新兴市场经济国家的汇率制度选择 [J]．经济研究，2011（11）：73-88.

[123] 宋福铁．国债对于私人投资挤出效应的实证研究 [J]．财经研究，2004（8）：52-56，144.

[124] 宋永明．改革以来我国国债资金的支出方向研究 [J]．经济研究参考，2001（30）：14-22，33.

[125] 粟壬波．财政政策规则及其宏观经济效应研究：基于新凯恩斯 DSGE 模型 [D]．长沙：湖南大学博士学位论文，2016.

[126] 仝冰．货币、利率与资产价格——基于 DSGE 模型的分析和预测 [D]．北京：北京大学博士学位论文，2010.

[127] 王爱群，董秀良．国债融资对居民消费影响的动态效应研究 [J]．中国软科学，2013（9）：146-155.

[128] 王国静，田国强．金融冲击和中国经济波动 [J]．经济研究，2014（3）：20-34.

[129] 王国静，田国强．政府支出乘数 [J]．经济研究，2014（9）：4-19.

［130］王胜华．政府支出经济增长效应区域异质性研究［D］．北京：中国财政科学研究院博士学位论文，2018．

［131］王晓芳，杨克贲．国际冲击、汇率弹性与中国宏观经济波动［J］．中国地质大学学报（社会科学版），2015，15（1）：100-112．

［132］王欣，姚洪兴．国际 R&D 对区域技术创新的非线性溢出效应——基于长三角数据的 PSTR 模型分析［J］．国际经贸探索，2017，33（1）：60-78．

［133］吴化斌，许志伟，胡永刚等．消息冲击下的财政政策及其宏观影响［J］．管理世界，2011，216（9）：26-39．

［134］武晓利，晁江锋．财政支出结构对居民消费率影响及传导机制研究——基于三部门动态随机一般均衡模型的模拟分析［J］．财经研究，2014，40（6）：4-15．

［135］武彦民，竹志奇，王涛．经济下行背景下财政最优偿债规则研究——基于 DSGE 模型分析［J］．中央财经大学学报，2016（12）：12-25．

［136］肖尧，牛永青．财政政策 DSGE 模型中国化构建及其应用［J］．统计研究，2014，31（4）：51-56．

［137］谢子远，杨义群．国债的财政扩张及增税效应实证研究［J］．经济理论与经济管理，2007（3）：34-37．

［138］徐利君，朱柏铭．国债资金真实投向的实证分析［J］．财经研究，2003，29（5）：22-26．

［139］亚当·斯密．国民财富的性质和原因的研究（下卷）［M］．郭大力，王亚南译．北京：商务印书馆，1981．

［140］杨大楷．国债代际负担研究［J］．投资研究，1999（5）：11-17．

［141］杨攻研．发达经济体政府债务问题研究［D］．沈阳：辽宁大学博士学位论文，2014．

［142］杨文奇，李艳．国债挤出效应的实证分析［J］．山西财经大学学报，2005，27（3）：100-103．

［143］杨云．异质性经济主体条件下结构性税收政策的经济效应研究［D］．长沙：湖南大学博士学位论文，2017．

［144］杨子晖．政府债务、政府消费与私人消费非线性关系的国际研究［J］．金融研究，2011（11）：88-101．

［145］尹恒，叶海云．中国政府债务对居民消费影响的实证研究［J］．北京大学学报（哲学社会科学版），2005（7）：79-87．

［146］张启迪. 政府债务对经济增长的影响存在阈值效应吗——来自欧元区的证据［J］. 南开经济研究，2015（3）：95-113.

［147］张岩. 结构性减税与扩张政府支出的宏观经济效应［J］. 经济与管理研究，2019（9）：20-38.

［148］张屹山，陈默，张鹤. 国债发行对居民消费影响的动态弹性分析——基于可变参数模型的实证研究［J］. 吉林大学社会科学学报，2014，54（2）：45-51.

［149］张宇，刘挺，文勖. 基于改进贝叶斯模型的问题分类［J］. 中文信息学报，2005，19（2）.

［150］张佐敏. 财政规则与政策效果——基于 DSGE 分析［J］. 经济研究，2013，48（1）：41-53.

［151］张佐敏. 中国存在财政规则吗？［J］. 管理世界，2014（5）：23-35.

［152］赵巧英，张华. 国债的收入分配效应分析［J］. 华中农业大学学报（社会科学版），2000（3）：35-37.

［153］周密. 我国国债金融效应理论研究与实证检验［D］. 成都：西南财经大学博士学位论文，2013.

［154］庄晓季. 公共债务对我国实体经济发展的影响研究［D］. 长春：吉林大学博士学位论文，2015.

［155］庄子罐，崔小勇，赵晓军. 不确定性、宏观经济波动与中国货币政策规则选择——基于贝叶斯 DSGE 模型的数量分析［J］. 管理世界，2016（11）：20-31.

［156］庄子罐，舒鹏，傅志明. 影子银行与中国经济波动——基于 DSGE 模型的比较分析［J］. 经济评论，2018（5）：3-16，59.

附录
贝叶斯参数估计的先验分布与后验分布图

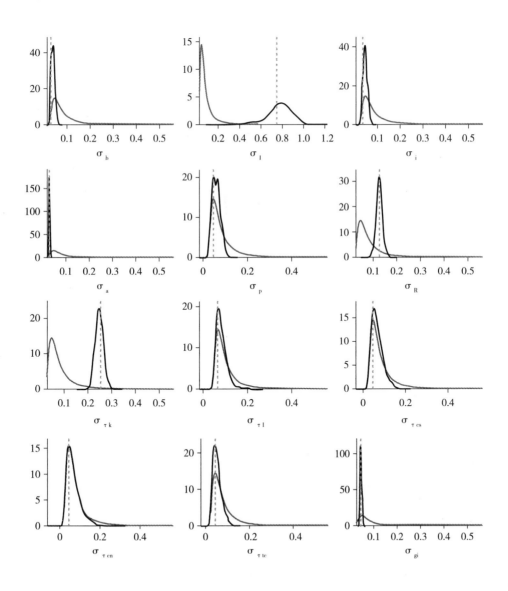

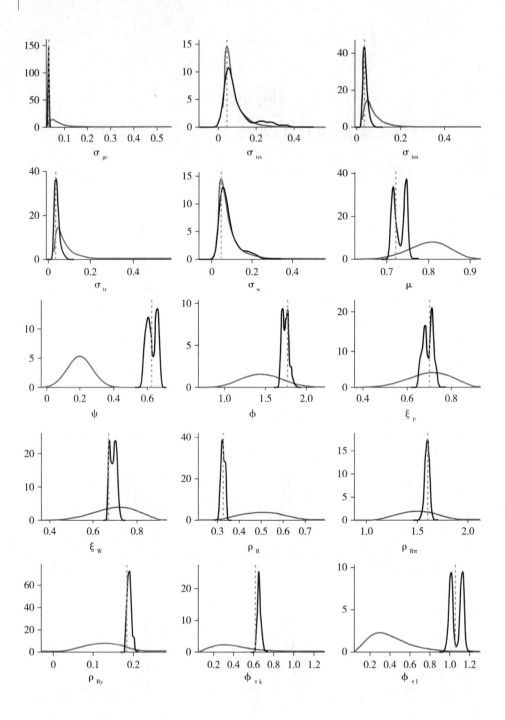

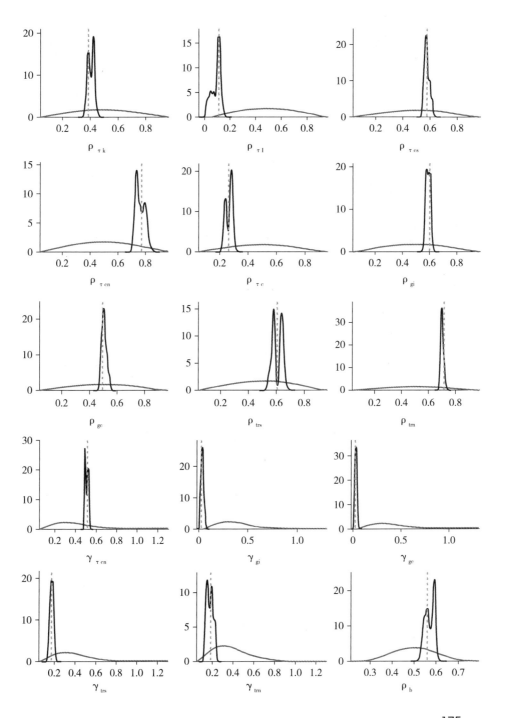

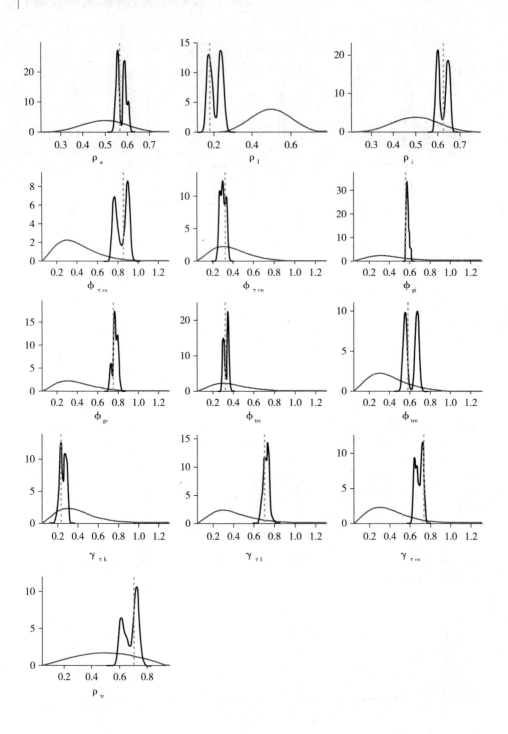